教育コミュニケーション論

「関わり」から教育を問い直す

杉尾　宏　編著

北大路書房

まえがき

いかなる時代、いかなる社会であれ、人間という存在は教育を行なってきた。人間の歴史は教育の歴史でもある。そして教育は常にコミュニケーションを通して営まれてきた。ならば、教育を問い直すことは、すなわちコミュニケーションを問い直すことにほかならない。

これが本書の出発点である。

近代以前の伝統的な社会では、教育は家庭や地域社会、職業集団など多様な人間関係のなかに埋め込まれていた。農民であれ、手工業の職人であれ、聖職者であれ、子どもたちは主に見習いによる模倣を通して、共同体の一員にふさわしいふるまいや価値観を習得していった。教育が必ずしも意図的、計画的に行なわれていたわけではなかったのである。

近代における学校の発明は、それまでのコミュニケーションの様態を一変させた。私たちが今日慣れ親しんでいる学校、つまり、多様な人間集団のなかから一定の年齢層の子どもをすくい取り、彼らに対して意図的、計画的に教育を行なう場としての学校は、十七世紀以降に西欧で誕生した。そこでのコミュニケーションの基本モデルは、教育の専門家である教師が、教える内容と方法を自覚しながら目的意識的に子どもにはたらきかけるというものであった。そうした教職のための学問として教育学も発展してきた。

　先進諸国では、十九世紀末に義務教育制度が成立するのにともない、学校教育が飛躍的に普及した。またそれと並行するかたちで、教師を養成するための大学や師範学校の設立が国家規模で進められた。これらにより、原則的にすべての子どもが平等に学校教育にアクセス可能となり、学校では教育の専門家である教師によって知識と技能をより効率的に伝達することが可能となった。

　しかし他方で、学校教育の爆発的な普及と拡大は、二つの問題をもたらした。第一の問題は、教育の場が学校に集中するようになったことである。イリッチ（Illich, I., 1977［1971］）が指摘したように、学校という制度による教育こそが、正統で価値あるものだと考えられるようになった。その結果、学校以外の家庭や地域社会における多様な人々とのコミュニケーションを通して子どもが成長するという事態が、ともすれば軽視されることになった。第二の問題は、教育機能を一手に引き受けるようになった学校においては、コミュニケーションの様態が単一的で、重層性に欠ける傾向にあったということである。そこでのコミュニケーションは、教師が大人数の生徒に対して教科書を中心に伝達し説明するという様式に閉じ込められがちであった。そして今日なお、日本を含む東アジアの国々の学校では、こうした旧式のコミュニケーションが支配的である（佐藤ら、2000）。

　こうした二つの問題を前にして、今日私たち教育関係者に求められることは何だろうか。それはまず、学校の枠組をいったん括弧に入れて、子どもの生活世界全体において教育を支え、可能にしているような多様な人間関係に目を向け直すことではないか。そのうえで、学校においては、教師から生徒への伝達中心の技術的関係を批判的に問い直し、新しいコミュニケーションの可能性を探っていくことではないか。本書はこうした問題意識から編まれたものである。

ところで、本書のタイトルにある「教育コミュニケーション」とは何だろうか。それを考えるために、まずコミュニケーションという言葉からおさえておこう。

コミュニケーションとは

コミュニケーションの語源はラテン語のコムニス（*communis* 共通の）、さらにそこから派生したコムニカーレ（*communicare* 共有する）だといわれている。日本語として「通信」「伝達」「意思疎通」等と訳されてきたように、一般に複数の個体同士の間で、なんらかの媒体（メディア）を通してメッセージのやりとりをすることを意味するが、これに上記の語源の意を加味すると、メッセージのやりとりの結果として、個体間で認識の共有を生じるに至る（ことが目指される）一連の過程というふうに理解することができよう。

コミュニケーション学をはじめ、情報理論、言語学、社会学、メディア論、人類学、心理学、哲学等のさまざまな学問領域がそれぞれにコミュニケーションの問題を扱っており、学術用語としてのコミュニケーションについて、井口（1982）は代表的なものだけで十八もの定義を紹介している。ちなみに、そのなかで井口が最も推す定義は「人間が理解し、理解されるために行うすべてのいとなみ」だそうだが、これなどはコミュニケーションの定義としてはきわめて広義のものといえよう。

古典的なコミュニケーションの図式としてテキストに必ずといってよいほど引用されるのはシャノン＆ウィーバー（Shannon, C.E. & Weaver, W., 1949）による線形モデルである。すなわち、情報源にあるメッセージがなんらかのかたちに符号化され、送信器を通して信号として発信される。この信号を受信器が受け止め、符号の解読が行なわれてもとのメッセージが復元される。そして、この経路の間でメッセージの正確な伝達を妨害するノイズが作用するというものである。

このモデルは本来、通信機器を通した情報の効率的な伝達を考えるために作られたものであって、人間同士のコミュニケーションを説明するために作られたわけではない。だから人間のコミュニケーションをこのモデルに当てはめて考察していくことには無理があるのだが、人文・社会科学領域におけるコミュニケーション理論においても、この情報伝達機能を核としたコミュニケーションモデルが数多く生み出されてきた。思うに、因果論的（科学的）管理による効率的な生産・物流を重視する近代社会にはこうしたモデルがマッチしていたのだろう。先に述べたように、近代の学校教育もまた然りである。

しかしながら、二十世紀半ば以降、いわゆるポストモダンの思潮が注目を集め、諸学問領域に浸透していくなかで、シャノン―ウィーバー型のコミュニケーションモデルが拠って立つ認識論的前提そのものに疑義が突きつけられるようになった。それは第一に、伝えられるべきメッセージなるものが、コミュニケーションに先立って確固として存在しているのかという問いであり、第二に、他者との間の共通理解なるものが原理的に可能なのかという問いであり、第三に、そもそも人と人がコミュニケーションという行為をなすことを可能にする基盤であり、さらにはコミュニケーションの実践を通して生成・変化していくものでもある「人と人との関係性」自体が問題にされるべきではないのかという問いである。

コミュニケーション過剰の時代？

こうした学問的な議論は別としても、日常で我々がコミュニケーションについて語るときのことを考えてみれば、情報の通信・伝達といった文脈のみでコミュニケーションが語られることは存外少ないのではないだろうか。伝えるべき情報がきちんと相手に伝わるか否かはもちろん大事なことではあるが、むしろそれ以上に、言葉やしぐさの背後にある人々の感情や思いの了解・共有の方にこそ力点がおかれ、人間関係の構築・維持・発展に関わるものとしてコミュニケーションが語られる。

機器を介しての情報通信があまりにも日常的になり、もはや「高度情報化社会」という言葉さえ聞かれなくなった現代の日本社会において、人々の関心やニーズは確実に「人間関係」へと向いている。コミュニケーションは現代を象徴する言葉であり、何か過剰によい意味が付与され、過剰な期待が寄せられているようにも思われる。コミュニケーションさえとれていればなんとかなるかのような、逆にいえば、コミュニケーションに支障をきたすことが人間関係や社会のあらゆる問題を引き起こす根本原因であるかのような言説がなされていないだろうか。教育界でも「コミュニケーション力」の育成が声高に叫ばれる。現場の教師たちは、子どもと、あるいは保護者や同僚と円滑なコミュニケーションをとる方法に悩み、また、子どもの心を理解するためにはどうすればよいかに心を砕く。つまり、コミュニケーションは円滑であるべきであり、また関わる相手の考えや気持ちは可能なかぎり正しく理解されるべきであるという前提が教育関係者にあることがうかがわれる。

しかし、本当にそうであるのか。また、そうであらねばならないのだろうか。

いずれにせよ、コミュニケーションとはそもそも何であるのか、それ自体が問題なのである。本書において各論者はそれぞれの章のなかで、コミュニケーションが何であるのかを自分なりに問い直しているので、序文でこれ以上コミュニケーションの議論に踏み込むことはやめておく。おそらく一人ひとりが異なったコミュニケーション観をもっているはずであるが、ただ一つ本書の論者に共通する点をあらかじめ指摘しておくことができる。それは、どの論者も人間同士の円滑なコミュニケーション事態よりも、むしろある種のディスコミュニケーション事態――すなわち、差異、異質性、隔たり、伝わらなさ、わからなさといった事態――を出発点におき、それを積極的に前提とすべきであるとする立場に立っていることである。

教育―コミュニケーションの接合関係

さて、上記のように「コミュニケーション」とは何であるかということが、まずもって問題なのだが、本書ではこれに「教育」という語が冠されることで問題がさらに複雑になる。

ここで、少々言葉遊びのようだが、教育コミュニケーションといった場合に、「教育」と「コミュニケーション」の間にどのような接合関係があり得るかを考えてみたい。実は教育コミュニケーションという言葉はあいまいで、さまざまな解釈が可能である。たとえばそれは、

・教育的なコミュニケーション（educational communication）なのか、
・教育におけるコミュニケーション（communication in education）なのか、
・コミュニケーションを通しての教育（education through communication）なのか、

・コミュニケーションとしての教育（education as communication）なのか、あるいは逆に、
・教育としてのコミュニケーション（communication as education）なのか、
・教育についてのコミュニケーション（communication on education）なのか、
・教育のためのコミュニケーション（communication for education）なのか。

最初の教育的なコミュニケーションで問題ないと、読者は思ったかもしれない。しかし、教育的なコミュニケーションはきわめて限定的であるとともに規範（当為）的であり（しかも、この言葉は自ずと技術的操作を指向する）、必ずしも教育の場におけるあらゆるコミュニケーションを反映しているとはかぎらない。そもそも「何が教育的か」を誰が決められるのだろうか。教師が「教育的」と考えて意図的に行なうコミュニケーションがまったく教育的でなく、逆に教育を意図しないコミュニケーションが、結果として優れて教育的となる例はいくらでもある。

それでは、二番目の教育におけるコミュニケーションでよいかというと、これはこれで（正しいかもしれないが）無限定すぎてとりとめがない。それにここでいう「教育」の範囲をどう定めるかと考えると、やはり疑問が生じる。このように考えていくと、どれ一つとっても「帯に短し、たすきに長し」で、我々はこうした教育―コミュニケーション関係をできるだけ重層的に扱っていかなければならないことに思い至るのである。

コミュニケーションから教育を問い直す

先に、コミュニケーションは、ある関係性のもとで行なわれるとともに、具体的なコミュニケーション様式の実践がある関係性の様態を生成し、変化させるという循環的関係について言及した。「教育」と「関係性」についてもまた同様で、ある教育実践はある関係性（歴史・文化的、社会制度的に枠づけられた関係性から個人レベルの関係性まで、また世代間関係、権力関係、信頼関係等のさまざまな関係の質・様態がある）のもとで行なわれるとともに、教育実践のあり方がその関係性の様態を形作り、支えるという相互循環的関係が想定される。そして、いかなる教育もコミュニケーションを通して営まれざるを得ない以上、教育―関係性―コミュニケーションは不可分のセットとして扱われなければならない。「教育」をどのようにとらえるかによって、そこでのコミュニケーションの意味やありようは変わってくるし、逆に、コミュニケーションをどのようにとらえるかによって「教育」の意味やありようもまた変わってくる。それは相互規定的な関係にある。

本書の論者たち一人ひとりが、それぞれ異なるコミュニケーション観をもっているように、我々はまた何を「教育」だと考えているのか、教育の何に力点をおくのか、そして教育という事象をとらえるためにどのようなアプローチをとるのかが、それぞれ異なっている。ある論者は近代学校教育を背後で支える権力的関係の構図とその変革の可能性を問い、またある論者は学校に限らず異世代間の相互形成過程に「教育」の根本をみる。またある論者は教育における「知っている者」と「知らない者」の間の言語的理解の可能性の問題に焦点を当て、またある論者は、あえて言葉で語らないというコミュニケーションによってなされる教育を追求したわが国の伝統的な教育文化のあり方に、教育コミュニケーションのもう一つの声を聞く。

つまり、我々は教育についても、コミュニケーションについても、教育コミュニケーションについても完全な共通感覚（センスス・コムニス）を有しているわけではない。

そして、その差異を互いに認識し合うことから対話が始まる。本書の論者たちが共有していること、それは、「教育」という営みをコミュニケーション、あるいは、関係性＝「関わり」という視点から問い直し、互いの差異を越えて語り―聴き合わなければならないという思いである。

それゆえ、本書は教育へ向けてのコミュニケーション（communication toward education）の一つの試みであるともいえよう。読者にはぜひ各章を読むなかで、論者たちが「教育」「コミュニケーション」、そして「教育コミュニケーション」にいかなる意味を付与しているかを吟味し、それを批判的に検討していただきたい。

本書の構成

本書の執筆者は教育社会学、教育史（日本、西洋）、教育哲学、教育心理学、発達心理学というさまざまな専門領域をフィールドにしている。本書では、各論者がそれぞれの専門領域で蓄積されてきた学問的知見を生かしながら、「教育コミュニケーション」について多面的に考察した。

序章では、一九七〇年代以降の近代教育批判を手がかりにして、近代学校に内在する「権力構造」を明らかにしたうえで、そこで展開される教師と子どものコミュニケーションの特徴とそれを相対化する可能性について論じる。

続く一章では、学校外の日常の親子関係にまで視野を広げ、教育を大人と子どもの「異世代間の相互形成」と定義したうえで、人間形成過程における教育コミュニケーションの役割を明らかにする。

二章から四章では視野を再び学校（教室）に戻す。すなわち、二章では、教育を自己とは異質な他者との対話という視点からとらえることで、教師と子どもの教育的関係を、他者の語りかけを聴き、誠実に応答していく「倫理的関係」として再構築することを提言する。三章では、学校時間割の歴史的展開をたどる作業を通じて、学校における教師と子どものコミュニケーションを規定している「時間」の問題について考察する。そして四章では、教室という場の特色をミクロ的視点、マクロ的視点の両面から論じたうえで、授業について教師が他者と語り合うなかで自らを変革していく「授業リフレクション」のモデルを提示する。

五章では、一転して視野を近代以前の日本に移し、日本の「伝統的教育（稽古）」におけるコミュニケーションの特質と様相について考察する。本章の内容は、西洋に端を発する近代教育におけるコミュニケーションの特質をあらためて浮き彫りにすることになるだろう。

最後に終章では、ウィトゲンシュタイン（Wittgenstein, L.）の言語ゲーム論とデリダ（Derrida, J.）のエクリチュール論を手がかりにして、序章から五章までの考察をその根底から支えている教育コミュニケーションの共通の前提について論じる。

もとより、本書で扱うことのできるのは、「教育コミュニケーション」という広大で複雑な問題圏のごく一部でしかない。しかし、本書の内容が、コミュニケーションを単なるスキルやハウツーの問題に矮小化しがちな昨今の教育界にあって、教育をコミュニケーションという視点から原理的かつ理念的に検討する際の一助となれば幸いである。

宮元博章
渡邊隆信

引用文献

井口大介　1982　人間とコミュニケーション　一粒社
Illich, I.　1971　*Deschooling Society*. New York: Harper & Row.　東　洋・小澤周三（訳）1977　脱学校の社会　東京創元社
佐藤　学・苅谷剛彦・池山岳彦　2000　21世紀のマニフェスト——教育改革の処方箋　世界681　岩波書店、78-98.
Shannon, C. E. & Weaver, W.　1949　*The mathematical theory of communication*. Urbana, Illinois: University of Illinois Press.

もくじ

まえがき　i

序章　近代学校の権力構造とコミュニケーション　1
はじめに　2
一節　近代学校の権力構造　5
二節　教育コミュニケーションの特徴　24
三節　教育コミュニケーションの可能性――引用・模倣　36
おわりに　43

一章　日常的行為としての教育コミュニケーション　49
はじめに――何気ない行為が教育的意味をもつ　50
一節　本章における「教育」の定義　52
二節　相互形成過程におけるコミュニケーション　59
三節　日常的行為における教育コミュニケーション　66
おわりに　72
●コラム　ディス・コミュニケーションの意義　75

二章　対話としての教育　77
はじめに　78

一節　教育における技術的操作の限界　79
二節　対話に基づく自己形成と文化の創造　86
三節　教育における倫理　99
おわりに　107
●コラム　終わりのない対話　110

三章　教育コミュニケーションの規定要因としての時間割　113
はじめに——せかされる教師と子ども　114
一節　学校モデルとしての時計　115
二節　時間の効率的使用とそのパラドックス　122
三節　新教育における時間割の弾力化　131
おわりに　138
●コラム　森のような教師　142

四章　教室という場におけるコミュニケーション　145
はじめに　146
一節　「教室」という場を俯瞰する　147
二節　教室の文化　155
三節　実践を省察する——授業を語り合う　160
おわりに　170
●コラム　ちゃぶ台囲んでリフレクション　173

五章　日本的コミュニケーションの特質と様相　175
はじめに――「沈黙は金」とする日本人のメンタリティ　176
一節　口頭によるコミュニケーション　179
二節　俳諧における座――一期一会の精神的志向　183
三節　象徴的啓示の教育とそのコミュニケーション　188
四節　日本的コミュニケーションと伝統的教育　192
おわりに――日本的コミュニケーションにみる近代と伝統という精神構造の二重性　195
●コラム　「学校」という名称　199

終章　「言語ゲーム」としての教育コミュニケーション　201
はじめに　202
一節　「教える―学ぶ」の関係における言語ゲーム　202
二節　教育コミュニケーションにおける「跳躍」　210
三節　エクリチュールとしての教育メディア　219
おわりに　226
●コラム　心のつながり　229

あとがき　233
執筆者紹介　235
人名・事項索引　(1)

序章　近代学校の権力構造とコミュニケーション

杉尾　宏

はじめに

これまで、子ども問題、教育問題が噴出するたびに学校が批判されてきた。このことは、見方を変えれば、学校への依存、あるいは期待が存続してきたことを示している。たしかに、明治以来、国民一人ひとりを幸福にし、社会を豊かにするものとしての学問——福沢諭吉の『学問のすすめ』が説いたように——の場である学校への信仰は、一方では、近代国家の形成と結びついた立身出世のエートスや学歴主義に支えられ、他方では、客観的にも、近代国家および近代産業社会の近代セクターへの人材供給と資本主義的生産様式に適合した労働力の形成に資することを通して、醸成され存続してきた。

しかしながら、他方では、単なる学校批判を超えて学校の存立構造自体を問う言説がみられるようになった。それは、学校は真に人々の幸福に資するものなのか、真に社会を豊かにするものなのかというプリミティヴで根源的な問いかけである。こうした問いかけは、学校信仰のパラドックスとしての学校批判と根底的に異なる。学校信仰を支えてきた立身出世主義や学歴主義は、高学歴化（中等・高等教育の就学率の一九五〇年代中頃から一九七〇年代中頃までの急激な増加）→学歴の効用価値の相対的低下（学歴の地位形成における十分条件ならぬ必要条件化＝高卒・大卒はある職業的地位を達成するための最低限度の必要条件）→学歴・学校歴取得競争の激化・受験戦争の激化（学校の選別・排除機能の顕在化）→学歴主義の強化という循環を招き、その結果、学歴・学校歴取得競争の場としての学校が批判の的となった。校内暴力やいじめ等は学校が学歴・学校歴取得競争に勝利するために、規律・校則を強化し、選別・排除機能を強化したからだとされる（一九七〇年代半ばから一九八〇年代半ばにかけてはそうした言説の隆盛期であった）。

また、学校への根源的な問いかけは、学校信仰のパラドックスを隠蔽する新自由主義《ネオ・リベラリズム》に基づく教育改革とも対立する。一九八〇年代末から着手された新自由主義に基づく日本の教育改革は、「個性」尊重の名のもとに、教育サービスを与える側にも受ける側にも、教育の成果を、自己の自由な選択・決定における自己責任に帰せるもので、学校信仰のパラドックスである学歴・学校歴取得競争の問題を自己選択と自己責任のもとに解消させようとする。

ここでいう学校への根源的問いかけとは、近代産業社会において、近代国家の形成とともに成立した近代学校への根源的な問いかけである。それは、近代学校のありようを、単純に、近代国家の政治権力に還元したり、近代産業社会の生産様式に還元したり、あるいは近代国家・近代産業社会の人材育成・配分という社会的機能およびそれと結びついた立身出世主義や学歴主義といったエートスや価値規範に還元したり、新自由主義のように、教育の成果を諸個人の自由と責任に帰せる国家イデオロギーに還元したりするものでもない。それは、近代学校自体が内包する権力形式と実践の様式を明らかにし、それが実際に諸個人にどのように作用し、どのような結果をもたらすのか、またそれは国家権力や社会の生産様式とどのように関連するのかを問うものである。こうした視点からの近代学校批判は、すでにイリッチ（Illich, I.）の『脱学校の社会』（1977［1971］）にみることができるが——ただし、「価値の制度化」という第三世界の視座からみえてくる近代社会批判の一つになっているが

――本格的な近代学校批判は、フーコー（Foucault, M.）やブルデュー（Bourdieu, P.）等の研究や著作が広く英語圏に紹介されるようになった一九八〇年代になってからである。

本章は、こうした近代学校批判のコンテクストから、近代学校の権力形式とそのもとにおける実践のありようを、すなわち教師と児童生徒間のコミュニケーションを考察するものである。

本章では、まず、近代学校の「権力の関係」が「規律・訓練」の権力テクノロジーおよび「牧人＝司祭」の権力テクノロジー（フーコー）によって編制されること、また、近代学校のコミュニケーションがこの二つの権力テクノロジーによって編制される「権力の関係」（およびそのネットワークとしての権力構造）によって強く規定されるとともに、近代学校の「権力の関係」の内外にあってそれらによって必ずしも捕縛・定型化されることのない「諸力の関係」にも開かれていることを明らかにする（一節）。さらに、ここでは、障害者の障害の程度の判別と教育措置をめぐってなされる「就学指導」を例にとりながら、牧人＝司祭権力の性格について詳しく検討する。牧人＝司祭権力の権力関係のもとでは、クールでサイレントなメディアである「客観的」な資料と専門家の判断＝知がコミュニケーションを支配するとともに、各個人（障害者）を診断・分類することにより共同体から分離し個別化することを明らかにする。そしてこの個別化が全体化に、すなわち社会システムの合理化につながっていることを明らかにする。

次に、近代学校の教師―児童生徒間のコミュニケーション、すなわち教育コミュニケーションの特徴を二つの側面から考察する（二節）。一つは、近代教育が内包している象徴的暴力性、すなわち「恣意的力による文化的恣意の押しつけ」（ブルデュー）を隠蔽・正統化するものとしての教師言語、とくにその象徴権力としての機能を発揮した、国語（national language）に基づく教師の語り方に注目する。二つ目に、教育コミュニケーションを構成要素とする教育システムのパラドックスについて考察する。すなわち、子どもの心的システムによる自己言及的・自己産出的な作動を通して実現される心的システムの社会システムとの相互浸透・構造連結（ルーマン、Luhmann, N.）によって可能となる社会化を、一定の目的・意図から制御しようとする教育システムの構造的矛盾――社会化を制御するには、心的システムの自己言及的・自己産出的な営みを否定しなければならない――に注目し、教育システムはこのパラドックスをどのように解決しようとするのかについて考察する。また、その解決にはらむ新たな問題について検討する。

最後に、近代学校の教育コミュニケーションの効果としてこれまでみなされてきた「従順な主体」の形成、「単純・平凡な機械」としての児童生徒の形成について、バトラー（Butler, J.）のエイジェンシー、および「引用・模倣」を手がかりに批判的に考察する（三節）。

一節　近代学校の権力構造

一　規律・訓練の装置としての近代学校

ここでは、近代学校を、近代に出現した民衆教育機関と定義しておこう。たとえば、イギリス産業革命期に生まれた助教法学校（モニトリアル・スクール）は近代学校の原型といえるだろう。近代学校における教師―児童生徒間のコミュニケーション（教育コミュニケーション）は、その他のコミュニケーション形態と比較してどのような特徴をもっているのであろうか。また、それは児童生徒にどのような効果をもたらしたのか。これらの問題を明らかにするには、近代学校の権力構造について検討しておく必要がある。近代学校の教師―児童生徒間のコミュニケーションは近代学校の権力構造に強く規定されてきたからである。

近代学校の権力構造を明らかにするには、フーコーの『監獄の誕生――監視と処罰』(Foucault, 1977 [1975]) が参考となる。ここでは、近代監獄、近代学校、近代精神病施設等内に作用している権力の形態が規律・訓練 (discipline) のための技術ないし装置として描かれている。近代に出現したこれらの社会的空間にはたらく権力形態は、「身体への直接的介入」=暴力ではなく、監視 (まなざし) とその他の記号 (とりわけ言語・言説) を介した権力であることに特徴がある。この権力テクノロジーの特徴は、まず一望監視装置 (パノプティコン) をとっていることである。ベンサム (Bentham, J.) が考案したといわれているこの装置では、中央監視塔の監視者が絶えず一方的に、中央監視塔の周りに中庭を隔てて建てられた円環状の建物の独房の被拘留者 (囚人、患者、児童生徒等) を監視できるように、逆に、独房からは中央監視塔の内部が見えないように、空間的、物的、人的配置がとられていた。こうした非対称的な関係を創出する一望監視の方式 (装置) は、その内部において序列化された監視のシステムをとっていた。たとえば、助教法学校では、一人の正教師 (一望監視する人) ―三人のジェネラル・モニター (秩序維持、読み方、計算のための主任助教師) ―四人のサボーディネイト・モニター (クラス助教師、アシスタントまたはインスペクト助教師、読み方助教師、計算助教師からなる従属的助教師) という階層序列的な監視の体系がとられていた (柳、2005)。

こうした一望監視装置のもとで、「規律・訓練」の権力テクノロジーは、次の三つの権力作動の方式をとっていた（Foucault, 1977［1975］）。

①規格化　一定の時間・空間内の基準化された・正常とみなされる行動（同調行動）を強制する。規則、タイムテーブルが重視され、時計やベルが一定の場に配置される。

②制裁《サンクション》　規格化にともなうもので、同調行動に関する肯定的な制裁（褒賞）と否定的な制裁（処罰）の体系が制定されており、それに従って実施される。

③試験　監視と規格化を結びつけるもので、監視のなかでどれだけ規格化がなされたかを確認するものである。日常的には不可視な規律・訓練の権力がこの行事によって露わになる。試験は被拘留者を出来が良い―出来が悪い、有能―無能等に差異化することにより客観化するとともに主体化する。また、試験（examination）は調べる、調査する、考査する、診断する、記録するといった行為と重なり、知を生み出す行為、学問（discipline）に通じるものであった。近代監獄、近代学校、近代病院等はこの試験によって近代の人文および社会科学（教育学、心理学、政治経済学等）や医学の発生・発展の拠点となった。

さて、この「規律・訓練」の権力テクノロジーは、どのような効果を被拘留者にもたらすのか。被拘留者は、絶えず、監視し、規格化し、評価する権力のまなざしを内面化し、内面化した権力のまなざしに従って自己の行動を制御・統制していく。ここに「従順な身体」＝従順な主体が形成される。

我々は、服従化＝主体化のメカニズムをここに見い出す。権力は、もはや命令・禁止等の外的な力によってではなく、自ら一定の行動に駆り立てられるような自従的主体を形成する。こうして、権力のエコノミーが図られる。これは、「身体を貫く権力」(Foucault, 2000［1977］, No. 197) の効果であるとされる。近代学校では、この規律・訓練の権力作用の効果として「児童生徒」という主体が形成される。また、「児童生徒」という規格化された主体であることを通して、彼らは近代学校での地位を確保する。

しかし、「規律・訓練《ディシプリン》の権力」――フーコーは権力を一つの技術とみなしているので、「規律・訓練」の権力テクノロジーは端的に「規律・訓練の権力」を指す――の効果はこれだけではない。「規律・訓練の権力」は、子どもを「児童生徒」へと規格化するばかりでなく、「試験」や「賞罰」等によって児童生徒を分類・差異化し、個別化する。それは、規格化と個別化を同時に、すなわち、規格化を通して個別化を、個別化を通して規格化を、遂行するのである。なぜなら、同調行動＝規格化された行動を規準に個々人を差異化＝個別化することは、同時に同調行動＝規格化された行動を強化することになるからである。ここで、重要なことは、差異化＝個別化は、規格化の結果であるとともに、それを強化する手段であるということである。このことは、差異化は何か他の目的のために、たとえば、生産と結びついた人材配分を目的としているのではなく、どこまでも権力が規格化を遂行することの一局面にすぎないことを意味する。

それでは、「規律・訓練の権力」はどのような人間を標的としていたのであろうか。それは、一望監視装置＝パノプティコンを考案したベンサムの救貧観および公教育観にみることができる。ベンサムは、一七九七年の論文で、当時のギルバート法（一七八二）・スピーナムランド法（一七九二）下の貧民救済――ワーク・ハウス（work-house）外での物質的救済を主内容とする院外救済《アウトドア・リリーフ》――を厳しく批判し、それは結局怠惰な貧民を作るにすぎないと論じていた。もともと、貧困の原因を怠惰に帰せる傾向のあった当時の地主層や工業資本家層等の支配階級にとって、院外救済のための救貧費負担（救貧税）は耐え難いものとなっていた。そこで、彼はパノプティコンの原理を採用した作業場（inndustry house）に貧民を収容し科学的・合理的に管理することを主張し、その方法を詳しく述べていた。また彼は、一八〇二年には、貧民階級の子どものための、パノプティコンの原理を採用した公教育機関の必要性を提唱していた。そこでは「世話と監視」によって子どもを犯罪から守ることが主目的とされていた。パノプティコンの原理を採用した貧民階級のための作業所や公教育機関のベンサムの提唱には、貧民に対する支配階級の根強い不信感を見て取ることができる。すなわち、「怠惰で犯罪に手を染めやすい貧民」といった貧民観である。したがって、パノプティコンの原理を採用したこれらの施設において、こうした怠惰で危険な貧民を監禁し管理・訓練することによって、市民社会の秩序と安全が守られるというのがベンサムの考えであった（杉尾、1976）。フーコーは、ベンサムが立案したパノプティコンを「動物飼育場」（ルイ十四世の希望で建てられ、フランス革命期間まで存続した）と「機械仕掛けの」実験室という形象《イメージ》で分析しているが、まさに、そこには、「規律・訓練の権力」が標的とする人間像を見て取ることができる。

「規律・訓練の権力」は、このように、「理性」と「自立」に欠けた人間を、一定の時間と空間のもとで一定の与えられた仕事を一様に達成できるようにすること、すなわち規格化された行動をとれるようにすることを目的としていた。そして、そうした規格化された行動をとれる人間を「理性」的・「自立」的人間と呼ぶなら、「規律・訓練の権力」は、規格化のもとで服従する主体を「自立的」人間として形成するものであったといえよう。

二　牧人＝司祭権力の場としての近代学校

ディシプリン権力は、監視対象一人ひとりを同時に一望するという意味では、包括的な権力形式といえる。これに対して、より個別的に作用する権力形式としてフーコーのいう牧人＝司祭権力（pouvoir pastoral）がある。牧人＝司祭権力は、その原型を古代ユダヤ社会に典型的にみることができるが、やがてキリスト教によって古代ローマ世界へ導入され、中世にはキリスト教会制度と結びついて西欧世界の隅々まで浸透していった。牧人＝司祭権力の特徴として、フーコーは次の四つをあげている（Foucault, 1996［1982］, p. 293）。

①来世における個人の救済を保証することをもって究極の目的とする権力形式である。

②たんに命令を下すだけの権力形式ではない。羊の群れとしての信徒の生命と救済のためには、おのれを犠牲とする覚悟もなければならない。したがって、王座を守るために臣民の犠牲を要求する王権とは異なる。

③共同体全体を見守る権力形式ではなく、とくに個人をその全生涯にわたって見守る権力形式である。

④人びとの心の内面を知り、魂を探り、胸の奥深くしまい込まれた秘密を吐露されてはじめて行使される権力形式である。つまりそれは、良心の知識とそれを教え導く能力を意味する。

この権力形式は、個人の救済のために、各個人に、個別的に、しかも全生涯にわたって、自己の犠牲をも厭わないかたちで関わっていく、きわめて献身的な権力形式である。上述の四つの特徴は、牧人＝司祭の側に求められる権力形式として描かれているが、信徒（＝羊の群れ）の側には、自助の義務（自ら救う義務）と牧人＝司祭への絶対服従が義務づけられた（Foucault, 2000［1978］, No. 233）。牧人＝司祭と信徒との関係を典型的に示しているのは「胸の奥深くにしまい込まれた秘密を吐露」する義務、「告白」の義務である。上述の④に述べられているように、牧人＝司祭権力は「告白」を介してこそ「はじめて行使される」権力形式なのである。司祭は各個人（信徒）の救済のために、各個人へ積極的に関与し、各個人の「心の内面を知り、魂を探る」必要があったが、「告白」はそのための有効な手段であった。信徒は告解室の薄暗い部屋で間仕切りの向こう側にいる司祭に対して自分の秘密、とくに誘惑の源泉である性について告白するよう義務づけられた。ここでは、「告白する自己」（審判する自己＝超越論的自己＝良心）が神のもとに現れ、告白された自己が「真の自己」（「経験的な自己」）として自覚された。信者は、司祭の導きのもとで「経験的な自己」を見つめ直すことを通して、よき「主体」になるものとされた。ここにも服従化＝主体化を見い出すことができる。

「告白」は十八世紀以降、子ども―親、生徒―教師、患者―精神科医、犯人―鑑識人等の間に拡大するとともに、その告白の形式も訊問や診察における応答、相談、自伝的日記、手紙等多様化し、内容も性的なものの範囲を拡大していった。こうした「告白」の場・形式・内容の普及・拡大は、救済領域の拡大、すなわち救済の世俗化にともなうものであった。いまや、牧人＝司祭権力は、宗教的な領域ばかりでなく、健康、医療、教育、衛生、福祉、安全等、日常生活のあらゆる領域を覆うようになった。しかも、それは、それぞれの領域の専門家（医師、ナース、教師、ソーシャル・ワーカー、カウンセラー等）によって担われるようになり、専門的知識に基づく一つの技術《テクノロジー》の性格を帯びるようになった（Foucault, 1988［1976］）。かくて、「牧人＝司祭」の権力テクノロジーが成立するのである。

フーコーによると、牧人＝司祭権力が世俗的領域へ進出・拡大するなかで、今日、この権力形式に対する闘いが起きているという。すなわち、この牧人＝司祭権力は「個人を分類し、個人にその個別性の刻印を押し、個人をそのアイデンティティに縛りつけて、彼に自分も認めざるを得ない真理の法を強いる」（Foucault, 1996［1982］, p. 291）というのである。牧人＝司祭権力は、各個人の救済＝幸福のための献身的な権力形式であるが、まさにそれがゆえに、各個人の内面に深く関わることによって、各個人を診断・評価・分類し、それによって各個人の個別性やアイデンティティの刻印を押しつけ、このようにして刻印・押しつけられた個別性・アイデンティティに見合った生き方を「真理の法」として強制するというのである。魂の「救済」を目的とした牧人＝司祭権力の魂の「支配」というパラドックスをここにみることができる。牧人＝司祭権力に対するこの闘いの背景には、現代の牧人＝司祭である専門家の「知の特権性」に対する抵抗、「知識と権力との関係、つまり知の制度」に対する抵抗があるが、その核心には服従化＝主体化という主体化の形式とそれと隣り合わせにある個別化の形式に対する抵抗がある。フーコーはこのことについて、次のように述べている。

彼ら（牧人＝司祭権力に抵抗して闘っている人）は、個人を隔て、他人とのつながりを切断し、共同体の生活を引き裂き、個人を自分自身に押し戻し、強制的に自分の自己同一性に縛りつけるものすべてをことごとく攻撃する（Foucault, 1996［1982］, p. 291　括弧内は杉尾による）。

専門家の知による各個人のアイデンティティの同定と付与、およびそれに基づく「真理の法」としての生き方の強制は、服従化＝主体化の形式を示しているばかりでなく、他者や共同体とのつながりを切断し引き裂く個別化の形式でもあるというのである。十九世紀以降行なわれるようになった、「狂人」（＝精神病患者）や「性的異常者」（＝性倒錯者）、心身障害者等の一定の規則・基準に基づく「客観的」な診断・分類と処遇（隔離空間での保護や治療、訓練等）は、服従化＝主体化の形式、個別化の形式を現しており、客観的には社会的排除であった。近代日本でも、「狂病」「脳病」「癩《らい》病」、性的「変態」等の「異常者」の焙り出しと隔離・監禁が、「文明国」たるべく社会「衛生」の立場から、内務省を中心に展開されていき、癲狂院、癩療養所等が設立されていった（小森、2002）。こうした社会事業を下から支えたのが衛生警察、医者、慈善事業家等であった。癩患者に典型的にみられるように、いったん「癩」というラベル＝スティグマが医者によって貼られると、彼らは生涯にわたって離れ小島の療養所での生活が余儀なくされた。フーコーのいう生の「個別化」が図られるのである。

一九三〇年代には、ドイツの民族衛生学の影響のもとで日本民族衛生学会（一九三〇）→日本民族衛生協会（一九三五）が設立され、一九四〇年には国民優生法が成立した。その第一条には、「本法ハ悪質ナル遺伝性疾患ノ素質ヲ有スル者ノ増加ヲ防遏スルト共ニ健全ナル素質ヲ有スル者ノ増加ヲ計リ以テ国民素質ノ向上ヲ期スルコトヲ目的トス」と国民優生法の目的が明示されていた。この国民優生法のもとで優生手術を受ける者として、遺伝性精神病、遺伝性精神病弱、強度且悪質ナル遺伝病的性格、強度且悪質ナル遺伝性身体疾患、強度ナル遺伝性奇形等があげられていた。たとえば、遺伝性精神病には、精神分裂病、躁鬱病、真性癲癇があげられていた。一九四一年─一九四五年の間に男女計四百五十四人が優性手術を受けたという（鈴木、1983）。「異常者」に対する医者・医学による個人の診断・分類と手術（治療）は、すなわち個別化は、同時に「国民素質ノ向上」→「文明国」「一等国」につながるものと、みなされていたのである。それは、ちょうど、「万世一系の皇統を頂く、世界比類なき、神々しき我が国」の体面を守るためにハンセン病隔離医療に力を尽くした光田健輔の思想につながるものであった。光田は、療養所内の癩患者同士の結婚を、断種を前提に認めていた（武田、1997）。

それでは、牧人＝司祭権力は、教育の領域では、どのような場で作用してきたのであろうか。近代学校では、授業等の児童生徒集団を対象にした場では、規律・訓練の権力が、生活指導・生徒指導における個別指導、とくに進路指導においては牧人＝司祭権力が作用してきたといえるだろう。進路指導が客観的データとしての偏差値や内申書に基づいてなされてきたことは周知の事実である。とくに一九七〇年代、八〇年代の「受験戦争」期には、偏差値に基づく進路指導は、「偏差値人間」という言葉を生むほど児童生徒のアイデンティティを規定するとともに彼らの進路選択を決定づけるものであった。とはいえ、偏差値や内申書は、「規律・訓練の権力」を構成する試験や監視＝観察の結果であるから、進路指導は「規律・訓練の権力」にも結びついていることになる。

三　障害児の個別化と全体化

しかし、牧人・司祭権力がこれまで教育の領域で最も強力に作用してきたのは、障害児の障害の程度に基づく教育措置をめぐる障害児とその保護者に対する「就学指導」においてであった。

周知のように、わが国の障害児教育（障害児福祉もそうであるが）は障害の種類と程度によって措置される仕組みをとってきた。盲学校、聾学校、養護学校は障害の種類に応じた措置であるが、問題は障害の程度をどのように判定し、それに基づいてどのような教育措置を施すか、またそれをどのように障害児およびその保護者に伝え指導・助言するかである。この問題を篠原（1980a, 1980b）の分析に従って検討してみよう。

一九六五年、文部省は「心身障害者の判別と就学指導」という手引きを公開した。それは、多面的な観点から判定する総合判定と就学指導のモデルを示したものである。この手引きでは、「学業不振児」を選出し特殊学級に入級させるまでの手順が示されている。当時、障害児教育の主要課題は特殊学級の増設とその入級基準＝措置基準の明確化にあった。文部省は、一九六一年には特殊学級設置五カ年計画を打ち出し、一九六二年には「学校教育法および同法施行令の一部改正にともなう教育上特別な取り扱いを要する児童生徒の教育措置について」を文部次官通達として出していた。この通達は前回の通達（一九五三）では曖昧な位置づけしかなされていなかった特殊学級に明確な位置を与えようとするものであった。今回の通達では、軽度の者（ＩＱ五十―七十五の者、ただし「社会的適応性の著しく乏しい者」を除く）を特殊学級適当児とし、「状況によっては」境界線児（ＩＱ七十五―八十五の者）にも措置されてもよいとされていた。特殊学級の対象者がかなり限定さることとなった。

しかし、特殊学級は、六〇年代に五カ年計画によって増設されていくなかで、対象者の限定にもかかわらず、普通学級の「落ちこぼれ」の受け皿となっていった。特殊学級の高ＩＱ化現象が高校進学率の急激な上昇のなかで（一九五〇年代半ばで約五十％であった高校進学率は一九七四年には九十％を超す）生じたのである。ＩＱ七十六以上の特殊学級の収容率をみると、たとえば、小学校では、一九六二年＝十九・九％、一九七〇年＝三十四・七％、一九七五年＝三十三・四％となっている（篠原、1980a, p. 174）。

一九六五年の手引きはこうした状況のなかで出されたものだった。この手引きに基づいて、学業不振児の選出から特殊学級の入級に至るまでの一連の流れ、すなわち総合判定・就学指導の流れをみると次のような特徴がみられる。

①学級担任による学業不振児の選出、学業成績・性格・行動・生育歴・家庭環境等の調査報告、保護者との面談が定型化されている。

②専門医、学識者（心理学者等）、福祉施設関係者、特殊教育に関係する教職員、等の専門家および教育委員会代表からなる「判定委員会」（後の就学指導委員会）に最終的な判定の権限が与え

られている。

一九七〇年代は養護学校問題がクローズアップされるようになる。東京都教育委員会は一九七六年に『心身障害児の就学相談手引き』を、また翌年には『就学相談実施要項（義務教育）』を出している。それは、障害者「全員就学」を実現するために障害者の「就学相談」体制づくりを目指したものであった。東京都はすでに美濃部＝「革新」都政のもとで「東京都中期計画―一九六八」を打ち出し、養護学校増設計画を重点政策としていた。一九七三年には「障害児の希望者全員就学」を約束し、「行財政三カ年計画」を打ち出し、そのなかで養護学校の新設、障害児教育相談所の設置、スクールバスの配車等、心身障害者教育振興策を重要な政策として打ち出した。こうした都政の動きは政府（文部省）の動向に対応するものであった。文部省は一九七一年には、養護学校整備七カ年計画を立ち上げ、一九七三年には養護学校義務制を一九七九年から実施する旨を明らかにしていた。これは障害者の高まる受教育権の要求に対応したものであった。

こうした状況のなかで障害者の全員就学のための「就学相談」体制づくりがなされたのである。『心身障害児の就学相談の手引』と『就学相談実施要項（義務教育）』から当時の「就学相談」体制を再構成してみると次のような特徴がみられる（篠原、1980b, pp. 185-189.）。

①一本化された区市町村レベルでの就学相談窓口（教育委員会）―就学指導委員会―都レベルの就学相談窓口（教育委員会）―就学措置委員会という序列的で一元的な就学指導体制＝障害児判別

体制がとられているとともに、区市町村レベルで特殊学級措置児の判別、都レベルで養護学校措置児の判別という分業体制が明確にされている。

②就学窓口では、保護者記入の「就学相談票」を出させ、「就学相談」時には「行動観察記録」が行なわれる。また、就学前に通っていた施設や幼稚園、保育園等に「就学相談資料」（別名「調査票」）が求められる。「行動観察記録」は十四項目からなり、各項目五段階評価となっている。いわば、一種の発達診断テストとなっている。「就学相談資料」（「調査票」）も「行動観察記録」と項目内容はほぼ同じで九項目四段階評価となっている。両方とも、安全管理が重視され介助度や要保護度が問われている。また、保護者に求められる「就学相談票」は「現在の状況」「日常生活」の欄で、「行動観察記録」「就学相談資料」と同じようなことが問われいる。「就学相談票」は「保護者が記入することを原則としている」が表現が不十分であったり、記入内容が不適切であったりする場合があるので、行動観察を慎重に行ないこれを補う必要があるという。このように、行動観察記録・調査票・就学相談票が判定および教育措置の「客観的」な資料として重視されている。

③これらの「客観的」な資料は、「手がかからない」「扱いやすい」「危なくない」というように、介助性や要保護性の否定のうえに成り立つきわめて消極的な「自立」観を前提としており、最初から「障害を越えてともに生きる」という思想は排除されている。

④就学指導委員会、就学措置委員会という専門家集団の判断が決定的な力をもっている。

『心身障害児の就学相談の手引き』は、就学指導体制のねらいを端的に次のように述べている。

> 子どもの就学先を決めるにあたって、結果として子どもの幸福になれるように適正な判定・措置が行なわれなくてはならない。そのためにはそれに関わる人々の専門的な判断、決定に依存しなくてはならない。しかし、それをさらに容易かつ適正たらしめるには有力な正確な資料である（篠原、1980b, p. 186　傍点は筆者による）。

「子どもの幸福」のための適正な判定と措置、それは「専門的な判断」と「有力・正確な資料」＝「客観的な資料」によって可能であるという。しかし、これこそがフーコーのいう「牧人＝司祭権力」ではなかろうか。それは、子どもにとっては服従化＝主体化であるとともに生の個別化ではなかろうか。子どもは「幸福」の名のもとに共同体から切り離され、個別化されるのではなかろうか。「専門的な判断」と「客観的な資料」に基づいて養護学校に措置される子どもは、ほとんどの子どもが行く地域の学校から切り離され、バスや電車に乗って遠くの学校に行かなければならないのである。

当時（一九七六）の特殊学級・養護学校の就学率は三十九・六％で、残りの六十・四％は、文部省のいう「不適切な場」＝普通学級に通っているか、就学免除・猶予になっているかである。篠原（1980a, p. 175）は、一九七〇年代になり就学・猶予は減ったので六十・四％の大半は普通学級に通っていただろうと推計している。しかも、積極的に普通学級に通っていたという。当時、障害者の受教育権の高まりのなかで、政府＝文部省は養護学校の増設で対応し、多くの障害者は地域の学校で学ぶことを要求していたのである。全国各地で障害者の地域の学校で学ぶ闘いが起きていた。

それでは、政府＝文部省はなぜ養護学校にこだわったのか。一九七八年には新たな判定・措置基準を示す文部次官通達が出され、それまで就学免除・猶予に該当していた重度と「比較的重傷」の中度の者、および軽度のうちで「社会的適応性の著しく乏しい者」に措置されることになり、その措置範囲を大きく広げた。そして翌年には養護学校義務化が実施された。

政府＝文部省のこうした一連の動きは、朝鮮戦争を契機に復興し、一九六〇年代には日米安保体制をバックに高度成長を成し遂げ、一九六八年には国民総生産世界第三位になるほどまでの経済力をもつようになった日本資本主義の課題に応えるものであった。すなわち、労働力のいっそうの開発と能力主義的な労働力の再編に対応すべく学校教育の拡大・拡充と能力主義的な学校教育の再編＝多様化の一環をなすものであった。たとえば、財界は、「人的能力政策に関する答申」（経営審議会、一九六三）や「後期中等教育に対する要望」（日経連、一九六五）に典型的にみられるように、人的能力の開発の観点から後期中等教育・高等教育を拡充・多様化し、進路指導を強化するために中学校と高等学校に専任のカウンセラーを置くように要請していた。一九七一年の中央教育審議会答申「今後における学校教育の総合的な拡充整備のための基本的施策」は、こうした学校教育の拡大・拡充（すべての者に教育機会を拡大する）と能力主義的な学校教育の多様化（能力に応じた別学体制）を初等教育から高等教育に至るまで貫徹しようとするものであるが、そこでは「すべての国民にひとしく能力に応ずる教育の機会を保障する」ために「特殊教育の積極的な拡充整備」が求められ、「これまで延期されていた養護学校」の義務化や市町村に対して「精神薄弱児のための特殊学級を設置する義務」を要望していた（横浜国立大学現代教育研究所、1975）。

「客観的な資料」と「専門的な判断」による個々の障害児の判別と教育措置、すなわち障害児の個別化は、この文脈で理解されねばならない。日本資本主義の発展のための国家の政治・経済システム―教育システムの整合化・合理化が個々の障害児の判別と共同体からの切り離しを、すなわち個別化を要請し、逆に障害児の個別化によって国家の政治・経済システム―教育システムの整合化・合理化が達成できるのである。かくして、「客観的」な判別と「合理的」な措置がもたらす障害児の個別化は、障害者一人ひとりのかけがえのない「命」の問題を、国家の合理的な政治・経済システム―教育システム下の障害者「人口」の問題へと変質させる危険性をはらんでいた。まさに、フーコーのいう個別化＝全体化なのである（Foucault, 2001［1979］）。

四「諸力の関係」と「権力の関係」

近年、とくに、一九九〇年代後半から、「学びからの逃走」「学習意欲の低下」「授業が成立しない」「学級崩壊」等々の教育問題がマスメディアやさまざまな教育言説界を賑わせてきた。これらの問題の〈真の原因〉を突きとめることはおよそ不可能であるが、これらの問題を近代学校の揺らぎととらえたとき、我々は、授業に苦しんでいる教師の声に、学びから逃走し、やる気をなくした子どもの声に耳を傾け、それに応答しなければならない。なぜ、耳を傾け、応答しなければならないのか。その根拠を示すものとして、田中が注目したフーコーの「（諸）力の関係」（rapports de force(s)）と「権力の関係」（rapports de pouvoir）との区別がある（田中、2009, pp. 43-47, pp. 135-137.）。フーコーは両者を次のように区別している。

権力の関係における分析は、（中略）国家の主権とか法の形態とか支配の相対的統一性を前提としてはならない。（中略）権力という語によってまず理解すべきだと思われるのは、力の関係の多様態であり、権力が行使される領域に内在的で、かつ権力の組織の構成要素であるようなものだ。また、それは、絶えざる闘争と衝突によって、権力の組織を変形し、強化し、逆転させる勝負＝ゲームである（Foucault, 1986, p. 119［1976, p. 121］）。

「権力の関係」は、近代学校を例にとると、「規律・訓練」の権力テクノロジーおよび「牧人＝司祭」の権力テクノロジーによって編制される「教師—児童生徒」関係である（田中、2009）。この関係のもとでの典型的なコミュニケーション形態は、教師の発問・指示・命令（I）—児童生徒の応答（R）—教師の評価（E）である（メーハン、Mehan, H., 1979）。誰かに一方的に問いかけられ、一方的に評価されるという関係は、通常、対等な関係ではあり得ない。児童生徒の応答（R）が教師の一方的な発問・指示・命令（I）と評価（E）との間におかれているが、このことは教師が望み・期待する「規格」どおりの応答を察知する能力が児童生徒に求められていることを示している。すなわち、子どもは教師の期待・望み（権力のまなざし）に従うことを通して、よき児童生徒＝「主体」になるのである。

「諸力の関係」は「権力の関係」すなわち「教師—児童生徒」関係の内外にあって、「闘争と衝突」

を繰り返す固有名としての人と人との関係（固有名としての子どもと子どもの関係あるいは固有名として教師と子どもの関係）であって、「規律・訓練」の権力テクノロジーおよび「牧人＝司祭」の権力テクノロジーによって、「権力の関係」＝「教師―児童生徒」関係へと定型化・固定化されようとするが、他方では、「権力の関係」＝「教師―児童生徒」関係を変形させたり崩壊させたりする（田中、2009）。

さて、話をもとに戻そう。「学級崩壊」に苦悩する教師の声は、「諸力の関係」にある教師―子ども関係、子ども―子ども関係を「規律・訓練」の権力テクノロジーおよび「牧人＝司祭」の権力テクノロジーによって「権力の関係」に定型化・固定化できない苦悩の声であろうか。学びから逃走しやる気をなくした子どもの声とは、「諸力の関係」を「権力の関係」に定型化しようとする「規律・訓練」の権力テクノロジーおよび「牧人＝司祭」の権力テクノロジーに嫌気や倦怠感、消耗感を抱いている子どもの声なのか。

それでは、そもそも、「権力の関係」＝「教師―児童生徒」関係の内外にあって、闘争や衝突を繰り返す、「諸力の関係」を構成している子ども一人ひとりの力とは何か。「権力の関係」＝「教師―児童生徒」関係のなかにありながら、それによって包囲・浸潤されることなく、逆に「権力の関係」＝「教師―児童生徒」関係を変形したり崩壊させたりする可能性をもった子ども一人ひとりの力とは何か。それは、ニーチェ（Nietzsche, F.）の「力への意志」に通じる「自己」なのか、バタイユ（Bataille, G.）の「エロティシズム」に通じるものか、ブランショ（Blanchot, M.）の「魅惑」に通じるものなのか、あるいはフーコーのいう「外の思考」に通じるものなのか。田中は、「諸力の関係」を構成する力のなかに、右に示したように、近代理性・道具的合理主義を超えた何かを、たとえば言葉では「語りえぬ」ものとしての情愛ややさしさ、情熱等を看取するとともに、そうしたものを感受し応答する倫理を求めている（田中、2009, pp. 76-84.）。フーコーは、「生《ビオ》―権力」※をなす技術および知（科学）に関して、「命《ヴィ》が、余すところなく、命を支配し経営する技術に組み込まれたということは毫もない。命は絶えずそこから逃れ去るのだ」（Foucault, 1986, p. 180［1976, p. 188］）と述べているが、たしかに、どのような技術も知（科学）もけっして一人ひとりの「命」を完璧に捕縛し定型化することなどできないのである。

※「死なせるか生きるままにしておく」古い権力に代わる「生きさせるか死の中に廃棄する」権力、つまり「規律・訓練の権力」、「牧人＝司祭権力」、およびそれらの権力関係のもとで生じる言説＝知から成る。フーコーが権力を同時に技術・知のレベルでとらえていたことはすでに述べた通りである（Foucault, 1986［1976］, p. 175）。

二節　教育コミュニケーションの特徴

一　教育コミュニケーションの正統化――象徴権力としての教師言語

近代学校における教師と児童生徒との関係を単なるコミュニケーション関係とみなすと、その生産性、すなわち伝達の効率は悪い。教師の児童生徒へのはたらきかけ（インプット）の夥しい量の割にはその成果（アウトプット）である児童生徒の学業成績は上がらない（ブルデュー＆パスロン、Bourdieu & Passeron, J. C., 1991［1970］）。近代学校における児童生徒の学業成績は、児童生徒が各家庭で形成してきたハビツゥス（児童生徒が各家庭でさまざまな経験を通していつのまにか培ってきた、ものの見方・考え方・感じ方・語り方等の諸傾向性の統一態）と近代学校が求めるハビツゥス（支配階級の支配的文化に親和的であるとともにそれによって正統化されたハビツゥス）との差異によって規定される（Bourdieu & Passeron, 1991［1970］／宮島・藤田，1991／宮島，1994／苅谷，2001）。支配階級である中産階級の児童生徒は、家庭で近代学校が求めるハビツゥスに親和的なハビツゥスを形成しているので、学業成績に関して有利な位置にあるが、被支配階級である労働者階級の児童生徒は、近代学校が求めるハビツゥスとは非親和的なハビツゥスを形成しているので、学業成績に関して不利な位置にある。近代学校では被支配階級の児童生徒の占める割合が圧倒的に多いことを考えると、近代学校におけるコミュニケーションは非生産的といわざるを得ない。

それでは、近代学校のコミュニケーションが伝達効率からみると構造的欠陥をもっているにもかかわらず、それを存続しめてきたものは何か。それこそが「教育的」コミュニケーションといわれるものを成立せしめるのである。ブルデューは、『再生産』の公理1において、「およそ教育的働きかけは、恣意的力による文化的恣意の押しつけとして、客観的には、象徴的暴力をなすものである」（Bourdieu & Passeron, 1991［1970］, p. 16）と述べている。教師の教育的はたらきかけ＝教育作用が「恣意的力による文化的恣意の押しつけ」であり、「客観的」には「象徴暴力」であるとするなら、ここにいわれている教育作用の恣意性＝暴力性はどのように隠蔽＝正統化されるのか。

その隠蔽＝正統化の秘密は、「象徴暴力」をその根底において客観的に支えている「力の諸関連（rapports de force）」、すなわち階級間の「力の諸関連」と、「文化的恣意の押しつけ」における文化選択の恣意性、すなわち支配的階級の文化の選択（逆に被支配階級の文化の排除）を、まったき事実として露呈させることのないように、「固有に象徴的な力」、すなわち「象徴権力」を創出することである。ブルデューは『再生産』の公理0において、「象徴暴力を遂行するあらゆる権力、すなわち、諸々の意味を押しつけ、かつ自らの力の根基にある力の諸関連を隠蔽することによって、それらの意味を正統であると押しつけるのに成功するあらゆる権力は、そうした力の諸関連のうえに加えて、さらにその固有の力、つまり、固有に象徴的である力を加える」（Bourdieu & Passeron, 1991［1970］, p. 16／山本、2007, p. 70ここでは山本訳を使用した）と述べている。象徴暴力を遂行するあらゆる権力は、その根底において階級間の「力の諸関連」に支えられていながらも、まさにそれゆえに、それを隠蔽するために、「固有に象徴的な力」＝「象徴権力」を必要とするというのである。

この「固有に象徴的な力」＝「象徴権力」こそ、ブルデューのいう「教育的権威」（近代学校では「学校的権威」として制度化されている）によって支えられた教師の「言語活動」（教師固有の語り方・語り口）を通して遂行される。それは、「言明することによって所与のものを構成する権力」であり、「権威化された人」の「権威化する言語」によって「権力の誤用」（象徴暴力）を「偽装」し、「誤認」を生み出す権力である（ハーカーら、Harker, C. et al., 1993［1990］, pp. 239-240; Bourdieu, 1977, pp. 159-197.）。それは、学業成績に関わる一定の意味の伝達手段としてであるよりも、「恣意的力による文化的恣意の押しつけ」を隠蔽＝正統化するための「象徴的効果」として、児童生徒にとっては一種の「呪縛」のようなものとして機能するのである。近代学校のコミュニケーションは、支配的階級の支配的文化の押しつけ（恣意的力による文化的恣意の押しつけ）であるがゆえに、近代学校で多数を占める被支配階級の児童生徒にとってはその文化習得は不利であり、その伝達効率は悪い。それにもかかわらず、それが存続し得るのは、すなわち「恣意的力による文化的恣意の押しつけ」が存続し得るのは、その恣意性＝暴力性を隠蔽・正統化する「固有に象徴的な力」、すなわち象徴的権力として機能する教師の権威ある言語活動によって遂行されるからである。近代学校のコミュニケーション（教育コミュニケーション）をまさに「教育的」コミュニケーションたるものにしているのは、教師の教育的はたらきかけに「象徴的効果」をもたらす、「固有に象徴的な力」＝「象徴権力」として機能する教師の権威ある言語活動である。

　ブルデューは一九七七年のシカゴ大学の講演（『象徴権力について』）で「象徴権力とは、みえない権力であり、その権力に従属していることを認めないひとびととの共犯性をともなって、あるいは、その権力を行使していることすら認めようとしないひとびととの共犯性をともなって、はじめて行使される」（山本、2007, p.76）と、述べている。教師の権威ある言語活動＝教師言語によって遂行される象徴権力が、それに従属する人（児童生徒）とそれを行使している人（教師）との間の共犯性のうえに成立するとするなら、そこでいう教師言語とはどのような語り方・語り口であろうか。

　ブルデューは、大学の場合を例にして、それは「凝った言い回し」を特徴とした、学生には難解で誤解をまねきがちな教授の「教授然たる言説」であるとしている。それは、発話の単なる「行為遂行的《パフォーマティヴ》」な力（オースティン、Austin, J. L., 1978［1962］）を超えて、大学という制度的権威の「代理執行者」としての「教授」の権威に支えられた、それゆえ「教授風」のふるまいと結びついた権威ある語り方・語り口を意味していた（Bourdieu, 1991［1970］）。

それでは、近代学校において象徴権力として機能してきた教師言語とは何か。それは、近代国民国家の成立と不可分の関係にあった国語（national language）の成立・普及と密接に関係してきたと思われる。近代日本では、国民国家の成立を背景に一九〇〇年代にいわゆる「国語」が成立し、また、「満州国」成立を契機に帝国の共通語としての「日本語」（大東亜共栄圏の共通語）も成立する（安田、2006）。近代学校は「国語」の重要な伝播・普及機関としてその権威が認められ、教師言語は「国語」の実践を象徴するものとされた。教師言語は、教師の「教育的権威」および「学校的権威」に支えられるとともに、「国語」という言語の権威にも支えられていたのである。しかも、「国語」は「国語」教科（一九〇〇年に成立）と結びついていたので、「国語」の実践者としての教師の言語は権威をもっていた。教師言語は教師の権威と国語の権威に支えられ象徴権力としての機能を果たしたのである。

たしかに、「国語」の実践を象徴する教師言語は、地域・階級・民族を超えて人々を国民国家に統合する「標準語」としての機能を担わされたが、他方では、そうであるがゆえに、地域・階級・民族を抑圧・差別するものでもあった。それゆえ、教師言語は、本来、内部に矛盾を抱えており、象徴権力としては両義的な機能を果たしてきたのである。戦後、「国語」の抑圧性・差別性が反省され、「国語の民主化」（すべての人にとってのわかりやすい「国語」）が図られてきたが、その「民主化」をめぐって、国語審議会の動きにみられるように、さまざまな意見や考えがあり、「国語」の一致した定義は今日までみられない（安田、2006）。このことは、「国語」がかつてもっていた権威およびそれに支えられた教師言語の権威――鶴見俊輔はこうした権威ある言葉をかつて「お守りことば」（鶴見、

1946）に喩え、その例として戦時下の学校でよく使用された「国体」「国体護持」「皇道」「八紘一宇」「肇国」等の言葉をあげている。これらの言葉はほとんどの国民（子ども）には十分理解できなくても、正統性と強制力をもっていた――を失ったことを意味する。これは、一つには、敗戦後、民主化の流れのなかで教育やマスメディアが普及・拡大するにともない、「国語」および教師言語が鶴見のいう「お守りことば」でなくなったことを意味する（安田、2006）。教師言語の権威を支えてきた「国語」の権威が低下するとともに、教師言語の象徴権力としての機能は弱まった。また、教師言語を支えていた教育的権威や学校的権威も、一九六〇年代以降急速に進行していった人々の新中産階級化（ホワイトカラー層化）および「教育する家族」（広田、1999）の普及にともない低下した。こうして、教師の教育的はたらきかけを正統化してきた教師言語は、「国語」の権威の相対的低下およぴ教育的権威・学校的権威の相対的低下のなかで、その象徴権力としての機能を失いつつある。

二　教育コミュニケーションのパラドックス――自己言及・自己産出システムとしての子ども

ルーマンのいう教育システムは他の機能システムとともに近代以降分出したもので、他の機能システムと同様に自己言及的・自己産出的な機能システム※である。簡単にいうなら、教育システムは、教育者と被教育者間のコミュニケーションを、先行のコミュニケーションについて言及かつ参照することを通して自己産出し、そのことを通して他の環境との区別を保持しながら自己のシステムを更新する。社会システムの一つである教育システムについて考察していく場合、見落としてならないことは、人間（子ども）も自己言及的・自己産出的システムであるということである。人間（子ども）は、同時に、心的システム（意識を要素とする）であり、生命システム（生命細胞を要素とする）であり、神経システム（ニューロンを要素とする）でもあるというように、複合的な自己言及的・自己産出的システムである。ここで教育システムを以下のように定義しておこう。すなわち、それは、自己言及的・自己産出的な子どもを「教育」という観点から操作し変容させようとする教師とそれに自己言及的・自己産出的に応答する子どもとのコミュニケーション（田中、2004）、すなわち教育コミュニケーションを構成要素とするシステムであると。

※　システム論の用語である Selbstreferenz は自己言及／自己参照／自己準拠等と訳されてきたがここでは自己言及とする。また Autopoiesis は自己創出／自己塑成／自己産出等と訳されてきたがここでは自己産出とする。

前述の教育システムの定義は一種のパラドックスを内包している。子どもは心的システムとして自己言及的・自己産出的な存在であるにもかかわらず、それを外部からのはたらきかけで操作し変容させることは、不可能なことを可能にするようなパラドックスを含んでいる。ルーマンは、このことを「教育システムに特殊なパラドックスの根源は社会化の企図化にある」（Luhmann, 1987b, S. 59）と表現している。ルーマンのこの主張についてさらに詳細に検討してみよう。

ルーマンによると、心的システムとしての子どもはその環境をなす他の心的システムおよび社会システム（コミュニケーションを構成要素とするシステム）との間に、社会的コミュニケーションを介して「相互浸透（Interpenetration）」（Luhmann, 1993［1984］, pp. 331-403）するようになるという。ルーマンは、この「相互浸透」の事態を後に「構造連結あるいは構造的カップリング（strukturelle Kopplung）」（Luhmann, 1997, SS. 92-120.）と呼ぶことが多くなるが、それは、要するに、心的システムとその環境をなす他のシステム（心的システム・社会システム）が相互に依存しつつ自律した関係を指す。それは、たとえば、心的システムと心的システムとの相互浸透・構造連結でいうなら、互いに相手の行動の予期が容易になるいうような親密な関係を指す。この相互浸透・構造連結は、心的システムの自己言及的・自己産出的な営みの結果である。価値・意味の内面化を実現する社会化は、相互浸透・構造連結の相手である社会システムからのはたらきかけで必然的に生じるのではけっしてない。社会化は、たとえば、コミュニケーションのテーマに関して「一致する／逸脱する、順応する／抵抗するという（心的システムの自らの）選択」（Luhmann, 1987a, S.175　括弧内は筆者）が繰り返されるなかで、相互浸透・構造連結の達成を通して実現される。

この相互浸透・構造連結においては、自己言及的・自己産出的な心的システムとその他のシステム（環境としての心的システム・社会システム）との間に、解釈学の伝統が前提としてきた共通の地平（意味世界）――ハイデガー（Heidegger, M., 2003［1927］）の「理解の先行構造」、ガダマー（Gadamer, H-G., 2008［1960］）の「先入見」、ハーバーマス（Habermas. J., 1987［1981］）の「生活世界」、ガーフィンケル（Garfinkel, G., 1967）の「背後期待」等――は想定されていない。それぞれが自己言及的・自己産出的システムとして他方に対して対峙している。存在論的にいえば、両者の間には絶対的な断絶と差異があるのみである。両者は、互いに他方に対して環境をなしながら、意識ないしコミュニケーションを自己言及的に産出するシステムであり、自己閉鎖的システムである。そのため、互いに相手がわからない。どのようにしたら、不透明な両者の間の隔たりは克服されるのであろうか。

この問題を他我との差異（隔たり）を所与とした自我の他我理解を手がかりに検討してみよう。ルーマンにおいては、理解は他我との差異（隔たり）を解消したり、架橋したりすることによって成立するのではなく、「差異の統一性」というパラドックスを内包したものとしてとらえられている。このことをルーマンは「二重の偶有性（doppelte Kontingenz）」によって説明しようとする。二重の偶有性（以下、ＤＫと省略する）とは、自我と他我とが対峙しているとき、「互いに相手の出方を予期することによって、一種の決定不能性が生じてくる」（馬場、2001, p. 66）状況を指す。この状況では、自我の予期と他我の予期が交互に絡むため、「規定のための準拠点をどこにももたない、完全に空虚な円環」（馬場、2001, p. 73）が形成される。

それでは、ＤＫにおける決定不可能性（規定のための準拠点をもたない空虚な円環）にもかかわらず、円環のどこからか規定が開始されると、それが全体へ波及し、コミュニケーションの端緒になり得るというこの現実をどのようにみなせばよいのだろうか。ルーマンはこの間隙を、ＤＫの「自触媒作用」によって埋めようとする（Luhmann, 1993［1984］, p. 188）。もともと、ＤＫ問題の根底には自我と他我との「パースペクティヴの非同一性」、すなわち両者の差異（隔たり）がある。しかしながら、両者の側での、「パースペクティヴの差異の体験という同一性」によって、両者に「規定に対する関心」が生じるというのである。これはＤＫが触媒となって、両者の側にＤＫ問題の関心が高まり自然とその問題が解決するという見方であるが、これはしばしば批判されるように、必ずしも十分な説明にはなっていない。しかしながら、ＤＫ問題に関するルーマンの関心は、自我と他我がいかにしたら自己のパースペクティヴを調整して収斂させることができるかにあったのではない。むしろ、両者のパースペクティヴの差異にもかかわらず、コミュニケーションが可能であることを明らかにすることにあったと思われる。ルーマンは、「相互作用」「鏡像」「視点の相補性」といった対称モデル（自我と「もう一人の自我」＝他我が自己の視点を調整するという説明モデル）ではＤＫ問題は解決されないとしてそれをしりぞけ、むしろＤＫ問題の根底にある自我／他我間の差異にもかかわらず、自我／他我間の「なんらかの関係という統一体」が、「複雑性の縮減」によって「創発」されることに注目する（Luhmann, 1993［1984］, pp. 164-166.）。これは、自我／他我間の差異の問題をシステム／環境間の差異の問題としてとらえ直すことにより、解決しようとしたものである。自我＝心的システムは他我＝環境から区別されていること、そのこと（区別）自体において、「複雑性の縮減」の可能性が開かれており（馬場、2001, p. 73）、両者の「構造連結」が可能になる、という。ここで重要なことは、差異を解消したり架橋したりするのでなく（それは不可能だ）、差異を温存したままの社会的関係が可能であること、すなわち、「差異の統一性というパラドックス」（馬場、2001, p. 72）に注目すること、である。自我と他我とは互いに不透明でブラック・ボックスのままだが、それにもかかわらず、自我は理解を通して、他我と関わることができるのである。しかし、それは、けっして自我と他我との同一化を意味しない。

それでは、教育システムは「社会化の企図化」であるという場合、教育は社会化とどのように区別され、どのように関連づけられているのであろうか。社会化はすでに述べたように「社会的コミュニケーションを契機として生じる自己社会化」（Luhmann, 1987a, S. 177）、すなわち「心理システム（心的システム）の自己準拠的（自己言及的）再生産」（Luhmann, 1993［1984］, p. 382）である。他方、教育は「人間の改造を専門とする社会システムの作動」（Luhmann, 1987a, S. 177）であり、「おもに職業上のキャリヤ」を考慮する（Luhmann, 1987a, S. 178）。社会化は、心的システムとしての子どもが日常生活のなかでさまざま社会的コミュニケーションを通して社会システムと相互に依存しつつ自律した関係を自己言及的・自己産出的に構築していく過程を指すが、教育は学校のような教育を専門とする機関で教育コミュニケーションを通して、主として職業上のキャリヤ形成から、子どもを一定の方向に導き変えていこうとするものである。社会化が子どもの自己言及性・自己産出性を前提に社会システムとの関わりを自己言及的・自己産出的に構築していく過程であるとするなら、教育は子どもを外部（学校という教育システムないしそのエイジェントとしての教師）から操作し一定の方向に変容させるものである。

前述の対照的な社会化と教育との定義からみえてくることは、教育は、子どもの自己言及性・自己産出性およびそれによって可能となる社会化を否定することによって成立するということである。すなわち教育と社会化およびそれが前提としている子どもの自己言及性・自己産出性とは互いに相容れないのである。したがって、教育システムが「社会化の企図化」だとするなら、それは、本来、相容れないものの連結というパラドックスを秘めている。すでに述べたように、社会システムとの関係を自己言及的・自己産出的に構築していく社会化の過程は外部から制御できるものではなく、したがって、それが成功するかどうかは偶有的である。そうした社会化を「企図する」、すなわち一定の計画のもとで制御・操作することは、不可能なことを可能にするような論理的破綻（パラドックス）を招くことである。

それでは、このようなパラドックス――ルーマンはこれを「構造的欠陥」（Luhmann, 1987b）と呼んでいる――は教育システム内でどのようなかたちで現れ、それに対して教育システムはどのように対処しながら自己自身を維持しているのであろうか。まず、教育システム内の教師と子どもの教育コミュニケーションに着目してみよう。教師は教育システムのエイジェントとして一定の成果を収めようと、すなわち子どもに一定の学業成績を達成させようと、一定の教育プログラムをもって、子どもにのぞむ。子どもは、本来、自己言及的・自己産出的な心的システムとして、きわめて複雑な存在であり、与えられた問いかけや指示、その他の教育プログラムに対して、時と場に応じて多様な解釈、多様な反応を示す。そのためそれらを予測することは教師にはきわめて困難である。こうした、複雑な心的システムのもとでは教師は望むべき成果を期待できない。そこで、教師は、子どもを、教師の一つの問い（インプット）に対して一つの正しい答え（アウトプット）が産出できるような「単純・平凡《トリヴィアル》な機械」と見立て、そうした想定に基づいて子どもに関わっていく（Luhmann, 1987c, S. 194）。

ここで注目すべきは、こうした想定のもとで、教師が日々の教育実践において子どもを「単純・平凡な機械」として関わっていくと、子どもが実際に「単純・平凡な機械」として機能するようになるということである。それは子どものインプットからアウトプットまでの変換過程を絶えず観察・監視し評価することを通して可能となるという（Luhmann, 1987c, S. 194）。教育システムおよびその要素である教育コミュニケーションに内在している、〈子どもの自己言及性・自己産出性に基づく社会化〉の企図化（操作・制御）というパラドックス（構造的欠陥）は、「単純・平凡な機械」としての子どもの形成、まさにフーコーのいう「従順な主体」の形成によって隠蔽され、同時にこれによって教育システムが維持される。

しかし、ルーマンによると、ことはそう簡単ではない。本来自己言及的・自己産出的な心的システムを外部から制御可能な「単純・平凡な機械」として扱うと、「自己言及的システムの自己認識が問題となる」(Luhmann, 1987a, S. 180) 場合があるという。すなわち、教育によって自己言及的なシステムが「単純・平凡な機械」として取り扱われることにより自己言及性が疎外されたと認識する場合、心的システムは教育システムから逸脱したり、教育システムに抵抗したりするという。このことは、子どもの「単純・平凡な機械」化＝「従順な主体」の形成は、学業をめぐる子どもの観察・監視・評価(規律《ディシプリン》・訓練のテクノロジー)では完璧でなく、そこからはみ出す自己言及的・自己産出的主体が教育システムの内外にうごめいていることを示すものといえよう。

三節　教育コミュニケーションの可能性——引用・模倣

教育コミュニケーションが、教育的はたらきかけ、すなわち「恣意的力による文化的恣意性のおしつけ」を、象徴権力としての教師言語によって隠蔽・正統化しながら、「従順な主体」の形成、子どもの「単純・平凡な機械」化に資するものとするなら、「従順な主体」および「単純・平凡な機械」となったとされる子どもとは、いったいどのような子どもなのであろうか。彼らはまったき「従順な主体」「単純・平凡な機械」として教育および権力によって自由に操作される主体なのであろうか。

結論的にいうと、彼らは、「力の諸関連」のなかにある自己を、すなわち自己言及的・自己産出的自己を潜在化し、一見、従順さ、単純さを示しながらも、既存の「権力の関係」を相対化し、それに対抗するための行為能力、すなわちエイジェンシー（agency）を形成し得る、といえるだろう。このことをバトラーのいう「引用・模倣」を手がかりに考えてみよう。

バトラーはアルチュセール（Althusser, L.）の服従化＝主体化の理論（Althusser, 2005［1995］）を批判的に検討し、服従化＝主体化に内在する「抵抗の主体」の可能性を探っている。バトラーはアルチュセールのかの有名な「呼びかけ」の場面、すなわち「おい、そこのおまえ」という警察官の「呼びかけ」に通行人が「振り向く」という場面に関して、「呼びかけ」（警察官）―「振り向き」（通行人）が反復的・慣習的な儀式となっており、「呼びかけ」る警察官も「振り向く」通行人も常にすでに刑法イデオロギーを取り込んだ「主体」となっており、その「呼びかけ」も「振り向き」もイデオロギーの再認であることに着目する。これは警察官と通行人との間でなされる再認であるとともに、自己自身との間でなされる再認でもある。

ここで、警察官の「呼びかけ」も通行人の「振り向き」もイデオロギーの再認であるという場合、その再認は、具体的には、「警呼」（呼びかけ）という慣習の引用・模倣を通してなされることにバトラーは注目する。バトラーは、警察官の「警呼」（呼びかけ）に関して、次のように述べている。

> 通りで通行人に呼びかける警官は、反復される慣習の力によって、その警呼をおこなうことができる。これは警官がおこなう発話行為の一つだが、その行為の時間は、当の発言の時間を超えたものとなっている。ある意味で警官は、警呼という慣習を引用しているのであり、発話者とは無関係

の発言に参与している。このような行為が「機能する」理由は、一つには、発話行為が引用されるものであること、つまり言表の瞬間を可能にさせる慣習という歴史性をもつからである（Butler, 2004［1997b］, pp. 51-52）。

警察官の警呼（呼びかけ）が力を発揮するのは、警察官の声が「神の声」であるからではなく、警呼という歴史性をもった慣習を警察官が引用・模倣するからである。そして、ここで重要なことは、通行人もこの警呼という慣習の力に押されてそれに「振り向く」ことを通して慣習を引用・模倣していることである。その意味では、「振り向き」は「呼びかけ」における慣習を引用・模倣することを意味している。たとえば、「おい、そこの女の子」という「呼びかけ」に振り向くことは、「はい、私は女の子です」と、「女の子」という名指しの慣習に従い、それを引用・模倣することを意味している（清水、2006）。こうして、私は「女の子」という名指しの慣習を引用・模倣することを通して「女の子」であること――「女の子」という主体――を再認し（服従化＝主体化）、ジェンダー規範の内面化を固めていく。

こうした慣習的なカテゴリー（人種・民族・身分・地位・性等を表象するカテゴリー、支配的イデオロギーとして機能する）による呼びかけ（名指し）は、「主体の知らないうち」にも、「その声が聞こえない所」でも、また「三人称の言説の指示対象として語られる場合」でも、つまり「私」が「振り向く」ことがなくても機能し、主体を構築する（Butler, 1997b［2004］, p. 52）。このように、慣習的カテゴリーによる呼びかけ（名指し）の規定力は強力である。

それでは、このような慣習的なカテゴリーの押しつけ（呼びかけ）とその応答（振り向き）が反復された場合には、主体の内部では何が生じるのであろうか。バトラーによると、この反復のなかで、「主体に行使される権力」は、すなわち慣習的カテゴリーの強力な押しつけは、すでに述べたように服従化を通して一定のカテゴリーの主体の形成・再認を強固にしていくが、他方では、そのように形成・再認されていく主体によって「引き受けられた権力（assumed power）」（Butler, 1997a, p. 11）になっていくという。すなわち、主体形成・主体再認の条件であった権力は、主体自身が引き受ける権力となる、というのである。換言すると、権力が主体のエイジェンシー＝行為能力※の条件となるという。そして、最終的には、主体はその引き受けた権力を自己の力能に、すなわち「主体（自身の）行為能力」に変換するという。したがって、逆からいうと、行為能力とは、主体が権力を自分自身のものに変換し、権力が思ってもいない意味を付与する能力、すなわち権力を「我有化（appropriation）」し「他化（alteration）」する能力といえよう（Butler, 1997a, p. 10, pp12-13. ／佐藤、2006, pp. 135-136.）。

※　一般に agency は行為体と訳されるが、ここでは佐藤に従って行為能力と訳することにする（佐藤、2006）。

それでは、権力を我有化・他化する能力としての行為能力は、具体的にはどのように発揮されるのであろうか。たとえば、ホモ・セクシャルやトランス・ジェンダー等の性的マイノリティに対する呼びかけ（名指し）を例に考えてみよう。「おい、そこのレズビアン」という呼びかけ（名指し）に、私はどのように応えるだろうか。すでに述べたように、このような呼びかけの強制力は絶大である。無視して応じなかったとしても、レズビアンという主体が「私の居所を枠付け私の社会的位置を構成する」（Butler, 1997b [2004], p. 52）。またそれに異議申し立てをし、レズビアンについて理解してもらおうと丁寧に説明したとしても理解や承認を取りつけることは難しい。たとえ、レズビアンであることを承認したとしても、それは「クィア」としての承認にすぎないことが多い。また、こうした呼びかけは私の生存可能性を脅かしかねない。

私は私の生存の可能性を脅かしかねないレズビアンという慣習的カテゴリーの呼びかけ（慣習の引用・模倣）に対して、それを引用・模倣するしかない状況に追い込まれている——つまり私は、レズビアンであることを、引用・模倣を通して、パフォーマティヴに構築するよう強制されている。それでは、私は、このレズビアンという慣習的カテゴリーを引用・模倣するにあたって、それに権力が思いもよらなかった意味を付与するにはどうすればよいのか。

一つには、バトラーによると、権力が「異性愛の欲望《ヘテロ・セクシュアリティ》」の身体＝主体を生産＝形成するにあたって「発語不可能なもの」として公的言説から「予め排除」してきた「同性愛の欲望《ホモ・セクシュアリティ》」に関する用語、たとえば同性愛者の蔑称「クィア」等にポジティヴな意味を新たに付与していくことだという（Butler, 2004［1997b］）。さらに、バトラーは、クィア・ポリティクスにおける「劇場的な」引用、すなわち「言説上の慣習を逆向きに覆すと同時に、その同じ慣習を模倣し大げさなものにする」（Butler, 1993, p. 232／清水、2006, p. 177）をあげている。その典型的な例であるダイ・イン、キス・イン、ドラッグ等は、マジョリティのクィアに対するホモフォビックな感情や言説をこれみよがしに大げさに表現（引用・模倣）することを通して、マジョリティの性規範を攪乱し、相対化・形骸化するという。ただし、この戦略は両義的《イキヴォカル》（曖昧）——すなわち、一方では、ホモフォビックな感情や言説が、他方では、それにもかかわらずそれに抵抗すべくホモ・セクシュアルな身体が消滅することなく露わにされる——で、失敗すると顰蹙《ひんしゅく》を買い、かえって既存の性規範を強固にするという。デリダ（Derrida, L., 2002［1990］）が主張するように、言葉・言説はエクリチュールとしてコンテクストとからコンテクストへと断絶と引用を繰り返しながら、各コンテクストで新たな意味をまき散らす「散種」のようなものであるが、バトラーが提示するこれらの戦略は、エクリチュールの引用可能性を意図的に利用して、「攪乱的な再意味づけ」（Butler, 2004［1997b］, p. 243）を行なおうとするものである。

これらの戦略は、クィア・ポリティクスとしてだけでなく、一般的なアイデンティティ・ポリティクスとしても読まれるであろう。たとえば、性的な名指しの必要性がないと思われる場合でも「女の子」という名指しが行なわれた場合、過剰に「女の子」の身振りをする——たとえば、過剰にセクシャルに・甘えたようにふるまう——ことで、「女の子」であることを攪乱する。「劇場的な」引用・模倣は、反復されてきた慣習的なカテゴリーを、それゆえ日常無意識に受け容れられてきたカテゴリーを、まさに「慣習性」という文脈（コンテクスト）に再設定《リセット》することである。言い換えると、慣習的なカテゴリーを無意識のうちに支えてきたその「慣習性」（慣習的な意味）を、いったんカテゴリーから切り離し、大げさに表現することによって、攪乱し相対化・形骸化しようとするのである。この場合、「劇場」的であるのは、同じ「慣習性」がカテゴリーの正統性・支配性・強制力を支えるものからカテゴリーを攪乱・相対化・形骸化するものへ転覆するという意味で、そうなのである。また、「大げさ」であるのは、慣習的なカテゴリーにこびりついた慣習性をそれから切り離すためである。

しかしながら、この「劇場的な」引用・模倣が成功するかどうかは偶有的である。なぜなら、それは、両義的であるため、顰蹙を買ったり非難を浴びたりすることがあるからである。その意味では、

「劇場的な」引用・模倣はスリリングである。児童生徒は、この両義的でスリリングな引用・模倣を、教室場面では、どのように行なっているのだろうか。次の場面をみてみよう。

教師「前回は何について勉強しましたか？　山田くん」
山田「はい、一人の児童である山田が答えます。三角形について学びました」

これは、「山田」という固有名もった一人の子どもが教師の発問（呼びかけ）に対して応答する（振り向く）ことによって「権力の関係」＝「教師―児童生徒」関係に包囲され、『児童生徒』という「主体」へと慣習的・反復的に形成されていくさまを、「大げさに」表現したものである。日常は、「はい、一人の児童である山田が答えます」という慣習的な引用・模倣を表現することなく、無意識（暗黙）にこの引用・模倣を行なっている。無意識的で慣習的な引用・模倣こそ理想的な「児童生徒」像の主体化を支えているのである。

しかしながら、教師―児童生徒間の「呼びかけ」―「応答」が慣習的に反復されるなかで、子どもは、「はい、一人の児童である山田が答えます」という引用・模倣を、「大げさに」表現しないまでも、その引用・模倣はまさに慣習に従ったまでのものという心の操作をやるようになるのではなかろうか。換言すると、子どもは、教師の「呼びかけ」に、「慣習の引用・模倣」モードへ心のスイッチを切り換えて、「応答」するようになるのではなかろうか。そうした心のスイッチを力能（エイジェンシー）として構築するようになるのではなかろうか。慣習の引用・模倣の「大げさな」表現は、すでに指摘したように顰蹙を買ったり非難を浴びる可能性がある。もし、そうだとするなら、「権力の関係」にありながらそれには解消しきれない「諸力の関係」を担う「固有名」としての子どもにまずできることは、こうした寡黙な行為能力《エイジェンシー》の発揮ではないだろうか。

以上みてきたように、エイジェンシーは、慣習の引用・模倣を行為主体にとって有意味《レリヴァント》な方向に導く、権力に対するバネのようなものである。その場合、その導き方は多種多様であろう。例示した児童生徒のように、「これは慣習の引用・模倣にすぎない」と心のスイッチをリセットするやり方もあろう。ゴッフマン（Goffman, E., 1983［1961］）の戦略的儀礼としての「役割距離」はその延長線上にあろう。また、サックス（Sacks, H., 1987［1979］）の自己執行カテゴリーとしての「暴走族《ホットロッダー》」は、大人が十代の青少年に押しつけた「若　造《ティーンエイジャー》」に対する対抗的なカテゴリー（意味付与）であろう。いずれにしろ、子ども（人間）は、権力に素直に屈服するナイーヴな存在ではなく、権力の押しつけをバネに新たな世界を構築する行為能力をもった存在といえよう。

おわりに

一節で「権力の関係」にありながらそれに包囲・捕縛されることなく、「葛藤と闘争」を繰り返す「諸力の関係」を構成する固有名の力、「命」（フーコー）の存在を指摘した。それは、二節で紹介したルーマンのいう自己言及的・自己産出的な人間の心的システム（生命システム・神経システムもそうだが）に一脈通じるものである。ルーマンのいう自己言及的・自己産出的な心的システムは、環境のなかでアプリオリに主体とか自我として存在するのではなく、環境との差異＝隔たりにおいて社会的コミュニケーションを契機に自己言及的・自己産出的に生成していく。それは、環境の側からのはたらきかけに単に順応するのではなく、社会的コミュニケーションを介して自己の複雑性を選択的に縮減しながら環境との関係を切り結ぶ。また、こうした心的システムの環境に対する自律性は、三節で考察したバトラーのエイジェンシー（行為能力）にも通じるものである。バトラーのエイジェンシーは、支配的イデオロギーの押しつけに対して、その押しつけが反復されるなかで意識的に培われたきた抵抗力のようなものであり、支配的イデオロギーを巧みに引用・模倣することによって支配的イデオロギーを無能化させる力能をもっている。

「諸力の関係」を構成する力としての「命」、自己言及的・自己産出的な心的システム、支配的イデオロギーに対する抵抗力としてのエイジェンシーは、近代学校における教育作用がたとえ権力装置に基づく規格化の権力作用（フーコー）であろうと、あるいは「恣意的力による文化的恣意の押しつけ」（ブルデュー）であろうと、またあるいは「社会化の企図化」（ルーマン）であろうと、けっしてそれらに解消しきれない力を人間は保有し形成していることを意味する。このことは、さらに、教育コミュニケーションが、一方では規格化の権力作用、「恣意的力による文化的恣意の押しつけ」「社会化の企図化」に資するものであるとともに、「諸力の関係」を構成する力としての「命」や心的システムの自己言及性・自己産出性および抵抗力としてのエイジェンシーにも結びつく可能性が開かれていることを意味する。二〇世紀初頭に欧米で生まれた新教育運動や一九三〇年代にわが国において展開された生活綴方運動は、こうした観点から再評価されるべきであろう。もちろん、これとても「教育」であるかぎり、すなわちある種の権力作用であるかぎり、新たなパラドックス——盲点——をはらんでいる。しかしながら、社会ないし人間の進化とは、絶え間ないパラドックス（盲点）の創出とその克服であるとすると、わたくしたちに求められていることは、絶え間ない「教育」の問い直しとそれをめぐる対話である。

引用・参考文献

Althusser, L. 1995 *Sur la reproduction: Idéologie et appareils idéologiques d'État.* Paris: PUF. 西川長夫・息吹浩一・大中一彌・今野 晃・山家 歩（訳） 2005 再生産について——イデオロギーと国家のイデオロギー諸装置 平凡社

Austin, J. L. 1962 *How to do things with words.* London: Oxford University Press. 坂本百大（訳） 1978 言語と行為 大修館書店

馬場靖雄 2001 ルーマンの社会理論 勁草書房

Bourdieu, P., & Passeron, J.C. 1970 *La reproduction: éléments pour une théorie du système d'enseignement.* Editions de Minuit. 宮島 喬（訳） 1991 再生産 藤原書店

Bourdieu, P. 1977 *Outline of a theory of practice.* Cambridge: Cambridge University Press.

Butler, J. 1993 *Bodies that matter: On the discursive limits of 'sex'.* New York and London: Routledge.

Butler, J. 1997a *The psychic power: Theories in subjection.* Stanford: Stanford University Press.

Butler, J. 1997b *Excitable speech: A polics of the performative.* New York: Routlege. 竹村和子（訳） 2004 触発する言葉——言語・権力・行為体 岩波書店

Derrida, J. 1990 *Limited Inc.* Paris: Galilée. 高橋哲哉・増田一夫・宮崎裕助（訳） 2002 有限責任会社 法政大学出版

Foucault, M. 1975 *Surveiller et punir: Naissance de la prison.* Paris: Gallimard. 田村 俶（訳） 1977 監獄の誕生——監視と処罰 新潮社

Foucault, M. 1976 *Histoire de la sexualité I: La volonté de savoir.* Paris: Gallimard. 渡辺守章（訳） 1986 性の歴史Ⅰ——知への意志 新潮社

Foucault, M. 1977 *Les rapports de pouvoir passent à l'intérieur des corps: Michel Foucault: 1994 dits et ecrits 1954-1988.* Paris: Gallimard. 山田登世子（訳） 2000 身体を貫く権力 ミシェル・フーコー思考集成Ⅵ 筑摩書房

Foucault, M. 1978 *Sexualité et pouvoir: Michel Foucault: 1994 dits et écrits 1954-1988.* Paris: Gallimard. 渡辺守章（訳） 2000 〈性〉と権力 ミシェル・フーコー思考集成Ⅶ 筑摩書房

Foucault, M. 1979 *Omnes et singulatim: Towards a criticism of political reasons: Michel Foucault: 1994 dits et écrits*

1954-1988. Paris: Gallimard. 北山晴一（訳） 2001 全体的なものと個的なもの——政治的理性批判に向けて ミシェル・フーコー思考集成Ⅷ 筑摩書房
Foucault, M. 1982 The subject and power. In H.L. Dreyfus, & P. Rabinow, *Michel Foucault: Beyond structuralism and hermeneutics*. Chicago: The University of Chicago Press. pp. 208-226. 山形頼洋・鷲田清一 他（訳） 1996 ミッシェルフーコー——構造主義と解釈学を越えて 筑摩書房 pp. 287-307.
Gadamer, H-G. 1960 *Wahrheit und Methode: Grundzüge einer philosophischen Hermeneutik*. Tübingen: J.C.B. Mohr (Paul Siebeck). 轡田 収・巻田悦郎（訳） 2008 真理と方法Ⅱ 法政大学出版局
Garfinkel, H. 1967 *Studies in ethnomethodology*. Englewood cliffs, NJ; Prentice-Hall.
Goffman, E. 1961 *Asylums*. New York: Doubleday and company Inc. 石黒 毅（訳） 1983 アサイラム 誠信書房
Habermas, J. 1981 *Theorie des Kommunicativen Handelns*. Frankfurt am Main: Suhrkamp Verlag. 丸山高司・丸山徳次・東 洋輔・森田数実・馬場孚瑳実・脇 圭平（訳） 1987 コミュニケーション的行為の理論（下） 未来社
Harker, R., Mahar, C., & Wilkes, C. 1990 *An introduction to the work of Pierre Bourdieu*. Londcn: The Macmillan Press. 滝本往人・柳 和樹（訳） 1993 ブルデュー入門——理論のプラチック 昭和堂
Heidegger, M. 1927 *Sein und Zeit*. Halle a.d.s.: M. Niemeyer. 原 佑・渡邊次郎（訳） 2003 存在と時間 中央公論社
広田照幸 1999 日本人のしつけは衰退したか——「教育する家族」のゆくえ 講談社
Illich, I. 1971 *Deschooling society*. New York: Harper & Row. 東 洋・小澤周三（訳） 1977 脱学校の社会 東京創元社
苅谷剛彦 2001 階層化日本と教育危機——不平等再生産から意欲格差社会 有信堂
小森陽一 2002 差別の感性 岩波講座 近代日本の文化史4 感性の近代 pp. 1-46.
Luhmann, N. 1984 *Soziale Systeme: Grundriß einer allgemeinen Theorie*. Franfurut am Main: Suhrkamp Verlag. 佐藤勉（監訳） 1993 社会システム理論（上） 恒星社厚生閣
Luhmann, N. 1987a *Sozialisation und Erziehung: Soziologische Aufklärung 4*. Opladen: Westdeuscher Verlag.
Luhmann, N. 1987b Strukturelle Defizite: Bemerkungen zur systematischen Analyse der Erziehungswesens. In J. Oelkers und H. E. Tenorth (Hg.), *Pädagogik, Erziehungswissenschaft und Systemthorie*. Weinheim/Basel: Beltz Verlag.
Luhmann, N. 1987c *Codierung und Programmirung: Soziologische Aufklärung 4*. Opladen: Westdeuscher Verlag.
Luhmann, N. 1997 *Die Gesellschaft der Gesellschaft*. Frankfurt am Main: Suhrkamp Verlag.
Mehan, H. 1979 *Learning lessons: Social organization in the classroom*. Cambridge, Mass: Harvard University Press.
宮島 喬・藤田英典（編） 1991 文化と社会——差異化・構造化・再生産 有信堂
宮島 喬 1994 文化的再生産の社会学 藤原書店
Sacks, H. 1979 Hotrodder: A Revolutionary Category. In G. Psathas (ed.), *Everyday language: studies in ethnomethdology*. New York: Irvington Publishers. 山田富秋・好井裕明・山崎敬一（訳） 1987 エスノメソドロジー——社会学的思考の解体 せりか書房 pp. 19-37.
佐藤嘉幸 2006 服従化＝主体化は一度限りか——アルチュセールからバトラーへ 現代思想10月臨時増刊 第34巻第12号、

131-139.
清水晶子　2006　キリンのサバイバルのために――ジュディス・バトラーとアイデンティティ・ポリティクス再考　現代思想10月臨時増刊　第34巻第12号、171-187.
篠原睦治　1980a　判定基準の変遷と「義務化」過程　日本臨床心理学会（編）　戦後特殊教育　その構造と論理の批判　社会評論社　pp. 170-179.
篠原睦治　1980b　総合判定・就学指導の強化・充実過程　日本臨床心理学会（編）　戦後特殊教育　その構造と論理の批判　社会評論社　pp. 180-191.
杉尾　宏　1976　イギリス近代公教育の成立とその発展（一）――国家関与の論理とその方式　大谷女子大学文学部紀要第11号第1輯、58-102.
鈴木善次　1983　日本の優生学――その思想と運動の軌跡　三共出版
武田　徹　1997　「隔離」という病　近代日本の医療空間　講談社
田中智志　2004　教育は社会化を制御できるか　田中智治・山名　淳（編著）　教育人間論のルーマン　勁草書房　pp. 35-65.
田中智志　2009　教育思想のフーコー――教育を支える関係性　勁草書房
鶴見俊輔　1946　言葉のお守り的使用法について　思想の科学　1巻1号（鶴見俊輔集3　1992　筑摩書房　pp. 389-410.）
山本哲士　2007　ピエール・ブルデューの世界　三交社
柳　治男　2005　〈学級〉の歴史学　講談社
安田敏朗　2006　「国語」の近代史　帝国日本と国学者たち　中央公論社
横浜国立大学現代教育所（編）　1975　増補　中教審と教育改革　財界の教育要求と中教審答申（全）　三一書房

一章　日常的行為としての教育コミュニケーション

中間玲子

はじめに――何気ない行為が教育的意味をもつ

大人は、自分が望むと望まないとにかかわらず、教育に参加させられている。特定の関係をもつ子どもと大人の間で展開される日常的やりとりは、その子どもの人間形成を考えるうえで非常に重要な教育的行為としての側面を有している。

たとえば授乳という行為である。人間の赤ちゃんは、授乳の際、吸い続けるのではなく、適当に休みながら乳を飲むという生来のリズムをもっている。そして母親は、赤ちゃんが吸うのを途中でやめると、揺すったり撫でたり話しかけたりする。それが繰り返されるうち、赤ちゃんは、吸うことを休止した際、母親からのはたらきかけを期待して待つようになる。そして、母親からのはたらきかけがあると、そのあとしばらく吸う、また吸うのをやめて母親からのはたらきかけを待つ……といったやりとりのパターンが形成されていくようになる。これは、「生来のリズムが、周囲のはたらきかけに組み込まれ、それに規制されてくる」過程であり、「乳児の反応が母親の反応のなかに織り合わされていく」過程であると表現される（岩田，1998, p. 20）。赤ちゃんの休憩は単なる休憩にすぎないのであるが、母親は単なる休憩とはとらず、赤ちゃんからのはたらきかけとして解釈し、応答するのである。その過程において、人間の赤ちゃんは栄養を補給するのみならず、他者とのやりとりのパターンを学んでいる。

あるいは、一歳くらいの子どもの「社会的参照」と呼ばれる行動である。子どもの成長にともない、子どもが接する外界の範囲は広がり、新しい事象、新しい人に子どもは多く出会うようになる。それら未知の事象にどのように接するべきか、子どもは知らない。そのとき子どもは養育者の反応をうかがう。養育者が「いいよ」というサインを表情や言語や身振りで伝えると、子どもは安心してその事象に関わっていく。逆に養育者が怖がったり驚いたり、あるいは「ダメよ」というメッセージを伝えたりすると、子どもはその事象に関わろうとしない。これは単に、反応の仕方を模倣したりコピーしたりする過程ではなく、広く行動や動機や思考などのパターン（型）を取り入れる過程だと考えられている。自己のうちに他者をさまざまに取り入れていく過程であり、モデリングと区別して同一視と呼ばれている（アイゼンバーグ&ムッセン、Eisenberg, N. & Mussen, P. 1991［1989］）。子どもは、その取り入れた他者と自分とを同一化させることによって、より広い世界とつながることができるようになるのである。

これらは乳幼児期における親子のやりとりのごく一部である。いずれも、日常においてごくあたりまえにみられるやりとりであろう。だがこの時期には、大人の考え方、態度、行動パターンすべてが、子どもの自己形成に関する教育的行為となり得る可能性がある。大人はその教育的行為を自覚すべきであり、子どもの教育に対してもっと責任をもたねばならないのかもしれない。

そう考えることによって、さまざまな問いが生まれるだろう。望ましい教育的行為とは何か、何をもって教育の成功とすればよいのか、親はどこまで子どもの教育に責任を負うべきなのか、教育を放棄する手だてはあるのか、等々。親は教育の訓練を正式に受けたわけではない。かといって訓練されるのを待っていたら子どもは大きくなってしまい、本末転倒の事態を招く。とにもかくにも、子どもを育てなければならない現実がある。結局、「では親はどうすればよいのか」。

この問いが生まれるとき、我々のなかには「子どもを教育する私」が自覚されている。だがそこから、自分は十分だろうか、失格なのではないだろうか、どのような親になるべきなのだろうかといった自分への問いにとらわれると、自己評価を低下させてしまうという副作用に見舞われる（中間、2007）。ならばこういう問いを立ててみてはどうだろう。「親はいかにして子どもにとってのよき教育者になるのだろうか」。

本章では、この枠組みから、教育コミュニケーションの問題について考えていこうとするものである。まず一節では、「教育」の意味を再検討し、そこにおける「教育者」について考える。二節では、ロジャーズ（Rogers, C.R.）のカウンセリング論における自己形成的コミュニケーションについて検討する。それをふまえ、三節では、人間形成過程における教育コミュニケーションの役割について検討する。それらを通して、人間形成過程に焦点をおいたなかで、日常的行為としての教育コミュニケーションをとらえることを目的とする。

一節　本章における「教育」の定義

一　相互形成としての教育

教育とは何なのか。日常的行為としての教育コミュニケーションをとらえようとする本章では、田中の考え方をまずふまえたいと思う。彼は、「私たちはさまざまな教育状況を生きている」（田中、

2003, p.i）と述べ、次のような例をあげる。

①十分に受容された体験をもたずに育った不幸な若い母親が、意に添わぬ仕方で生まれてきた自分の子どもから全面的に頼られ、これを受容し育てることによって、自分自身を受容し、成熟する。

②死にゆく人の自分の死を受容できるまでに成就しようとする苦悩を支え頼られることによって、介護者が、自分自身を受容し成就する。

①には育児、②には成熟の助成という、これまでの理解において了解可能な教育的営みを指摘することができる。だがここには、育児をする、成熟を助成するという教育的営みの範囲をはるかに越えた現実が展開されている。田中は、ここにあるのは、異世代間の相互受容という出来事であり、相互受容によって、異世代間の相互形成が達成される、その過程であると説明する。

そして、「教育の現実は多くの場合、暗黙のうちに共有されてきた教育に関する既存の概念的理解をあっさりとはみ出す」とし、次のように、教育の意味をとらえ直す。

通常何の疑いもなく教育的とみなされる出来事、たとえば親による子へのはたらきかけや教師による生徒へのはたらきかけなどは、この異世代間相互形成という生起全体のほんの部分的であり、しかもきわめて特殊な局面であるにすぎない。生徒や子どもの成長という生起のこちら側では、教師や親の成熟という生起がある。これまで多くの場合、教育は、子どもの発達への大人の助成的はたらきかけと理解されてきた。しかし教育の現実は、いつでもこの限定された規定をはみ出す。教育は、人が生まれてから死ぬまでのライフサイクル全体に関わる営みであり、しかもさまざまな世代間の相互形成という出来事のうちに編み込まれているのである（田中、2003, pp. ii-iii.）。

ここにおいて、「教育」の定義は大きく読み替えられる。つまり、教育というのは、世代間の相互形成という出来事のなかに埋め込まれるものであり、親と子どもとが互いに影響を与え合い受容し合うことによって、ともにそれぞれのライフサイクルを通しての成熟をサポートし合うものであるという、相互的人間形成過程としてとらえ直される。教えていた者は同時に教えられていたのであり、教えられていた者は同時に教えていたのである。

二　親になる過程

親は、初めから親として成熟しているわけではない。子どもが親を親とみなすことによって、親は初めて親になる。それは、親が子どもに対して、「育てるべき存在」と気づかせるごく原初的レベルから指摘することができる。

たとえば、松沢（2005）による霊長類研究所のチンパンジーの観察事例は劇的である。クロエというチンパンジーが出産した。しかしクロエはその赤ちゃんに戸惑い、抱こうとしない。生まれたばかりのチンパンジーを前に、ただ不安がりおろおろするクロエ。赤ちゃんチンパンジーは泣いており、飼育係も助けてくれない。クロエは仕方なさそうに赤ちゃんチンパンジーの方に寄ってみる。すると赤ちゃんチンパンジーはクロエの身体にしっかりとしがみついた。クロエはふりほどこうとするが赤ちゃんは離れない。クロエは諦めてしがみついた赤ちゃんを抱きかかえた。このときを松沢は、「母子の絆の主観的・客観的誕生」の瞬間と表した。

身体を介した子どもとのやりとりは、多くの人にとって、あまりに日常的で、とくに気に留める対象となっていないかもしれない。だがそのような行為に巻き込まれながら、親は親として成長しているのである。その意味で、親を親として教育しているのは子どもであるということになる。

エリクソン（Erikson, E.H.）は、親になる以前に先行して達成すべき主要課題として、「アイデンティティの達成」や「親密性の獲得」をあげた（Erikson, 1973［1959］）。だが、現実においては、それらが成し遂げられないままに親になることも十分に考えられる。ならば、親も親として発達していき、そのなかで親になっていくと考える方が自然である。

家族の発達過程についての理論は示唆的である。ヘイリー（Haley, J., 1973）は、家族療法あるいはファミリー・カウンセリングを含む家族心理学の分野において、家族心理過程（family process）あるいは家族発達（family development）の諸段階があることを示した最初の人物とされる（岡堂、1992）。ヘイリーによると、家族は発達的過程を歩んでいくのであり、この過程が妨害されると悩みや心理面の症状が現れる。たとえば、産後の母親の不安発作は、家族が育児期にまで発達していないことを示唆していることがあるという。このような場合に、不安発作の原因をある個人の過去に遡って解明し、その個人を家族や社会に適応させる方途を探るよりも、家族がそろって育児期の課題に取り組めるように援助することが望ましいとヘイリーは考える。ヘイリーは、家族が積極的に関わり合うことによって、家族の関係性も、そこに参加するそれぞれの個人も成熟していく過程をたどると考えるのである。個人になんらかの生育歴における要因があるため、あるいは発達において達成すべき条件が欠如しているために、親が親になれないということはない。親は、親として参加する関係性のなかで、親として成長していくのである。

三　エリクソン理論における「教育」と「発達」

エリクソンは、人生の各段階のそれぞれに固有の成熟の様態があるとするライフサイクル論を展開した。田中（2003）はこの見地に則り、それぞれの段階における成熟を、異世代の相互形成として理解できると述べる。

エリクソンのライフサイクル論で最も有名なのは、その発達についての一つの概念図式であるエピジェネティック・チャートであろう。心理学においては、個人の自我発達を論ずる図式として扱われ、それぞれの発達段階における課題や葛藤を理解していくうえでの一つのフレームを提供するものとされている。エリクソンは、心理―社会的発達を強調した人であるから、当然、その課題を達成するうえでの他者の重要性や社会とのつながりは主要な問題として扱われる。しかしながら、そこではあくまでも、個人が社会との関わりのなかでどう成熟していくかが問われることが多かった。それを田中（2003）は、その個人を支える世代も同時に己の発達の過程を歩んでおり、その成熟が相互に形成されていく過程を描く図式としてとらえた。

こうとらえたときに改めて浮かび上がってくるのは、アイデンティティあるいはライフサイクルという概念に構成される自然と作為の二重性である。エリクソンのエピジェネティック・チャートが示す発達の過程は、「〈なる〉の論理」とでもいうべき人間のもつ自然性に根ざしたものである。だがそれは、自然に進行する過程とは考えられていなかった。エリクソンは心理―社会的発達という観点から人間の生涯発達をとらえようとした人であったように、常に、他者との関係、「〈させる―される〉の論理」とでもいうべき、人間による作為の過程を編み込んだなかで展開するものとして考えられていた。

西平は、この二重性こそがエリクソンのライフサイクル論における本質であるという。つまり、「一方で、個人の発達を見ながら、他方では、その発達を世代関係のなかで見る、いわば、個体性と関係性とのジレンマをジレンマのまま、人生のありのままの実相に目をとめようとする」（西平、1993, p. 94）ために工夫されたものの見方こそが、アイデンティティでありライフサイクルであったとされるのである。

前節において、教育とは異世代間の相互形成というもののなかに還元された。だがこの過程における変化は、相手から与えられた影響によるところばかりではない。個人の側の個体としての発達過程、つまり、相互作用のなかで大きく影響を受けながらもなお個体として発達するところが残されるのである。だから作為によって個体の発達過程を損ねては人間形成過程は阻害される。だが発達過程もまた、作為を不可欠のものとして達成されるものであるとエリクソンは考える。西平はこのことを以下のように説明する。

生成の側からみるならば、人の発達が自発的発現の生成に根ざしながら、同時に世話され教育されることによってのみ成り立つということ、より正確には、人の発達における自然的生成とは、世話され教育される環境を「平均的に期待可能な環境（average expectable environment）」として前提にしたところに成り立つものであるということ、逆に、作為の論理の側からみるならば、人為的な行為といえども、（自然的）生成の論理を無視するならば良く為しえぬこと、仮に作為の効率のみを一方的に考えたとしても、（自然的）生成の論理に適わぬかぎりは良い成果を期待しえぬことを意味している（西平、1993, p. 105　括弧内「（自然的）」は筆者が付記）。

「異世代間の相互形成」として教育をとらえようとするとき、この「自然」と「作為」を相互に連関させながら展開させていくことが、教育の目的、すなわちそれぞれの成熟の指標として位置づけられるのである。

我々は誰しも個性的な存在であり、個人として発達する面をもっている。だがそれは、適切な作為との相互作用のもとで実現されるものである。それは、養育されることを絶対的に必要とする状態で生まれ、養育者の保護のもとで順調な発達をとげるという素朴な現実からも確認される。そしてその養育者と同一化することによって、世界を探索することが可能となり、自然な成長も促される。我々は常にこの二重性を生きている。

二節　相互形成過程におけるコミュニケーション

一　大人と子どものコミュニケーションの非対称性

前節において、我々は己の成熟のために他者を必要とすること、そしてそれはその他者にとっても成熟のために必要な関係であることをみてきた。エリクソンは、ここにある関係は、「パートナー同士の各々の強さを発達させるために互いに依存し合う関係」であり、「相手の能力や可能性を引き出そうとすることが同時に自分自身の能力や可能性を引き出すことになる」関係であるという。

だが、この関係は必ずしも対等な関係を意味しない。それは、互いの役割を交換し合うことを意味しないし、ましてや子どもと大人が同質であることも意味しない。子どもは依存する他者を必要とするし、成熟した大人は必要とされることを必要とする。子どもは子どもとして教えられ、教え、大人は大人として教え、教えられる。エリクソンはこの関係を「unequal」であるとする。その含意について西平（1993）は、その異質性が強調されれば相互補完的関係となり、その不平等性が強調されれば支配関係として理解されると説明する。

田中（2003）はたとえばこんな例をあげる。エリクソンの図式に従うと、子ども期の成熟とは自立である。これは、大人への依存と冒険との間で適切なバランスをとることによって達成される。子どもは「大人のもとにある存在」であるばかりでなく、「子ども自身のもとにある存在」でもあると理解され、この時期の大人は、前者による依存性に応えると同時に、後者を大切に守り育てることで自立へ導くという行為をなさなければならない。だがそれには、子ども自身の世界を尊重し、子どもの「秘密の場所」や「インフォーマル・グループ」のもついかがわしさをある程度許容することも求められる。つまり、依存する子どもへの代理的責任性を引き受けつつ、他者としての子どもとの相互性を実現しなければならないのである。

この過程に対応するには、大人の相応の努力と忍耐が要求される。だがそれによって、つまり、大人が子どものこの二重性に応答することによって、子どもの自立は促され、大人が引き受けていた代理的責任性は子どもの責任性へと高められる。大人の方も、それを助成することによって自分自身をジェネラティヴィティ（generativity）※をもつ存在へと成熟させていくのである。相互的人間形成過程を考えるとき、それぞれの成熟は、この不平等、非対称な関係性とそれゆえに生じる問題によって支えられる側面がある。

※　ジェネラティヴィティは生殖性、世代性、継承性、生成性などと訳される。次世代と相互作用しながら次世代の育成に関与するという意味をその本質にもつと筆者は理解する。

二　異質性を育てるという矛盾

子どもと大人の関係が非対称であるということは、子どもが大人の枠組みに規定されて成長していくということを意味するわけではない。子どもには、大人の目を離れ、冒険することによって成長していく部分もある。子どもの「子ども自身のもとにある存在」の部分をどう育てるのかということが、より幼い時期でさえも忍耐を要するものであることはすでに述べた。さらに子どもは成長にともない大人の知らない世界をもち始め、それを守るために、時には大人を欺くことさえするようになる。思春期前期頃になると、精神的な発達もともなって、もはや無批判に大人の言うことを鵜呑みにすることは少なくなる。大人に自分の主張を表現することもできる。そうでなくとも、大人の前での私を巧みに使い分け、大人の目から離れたところで自分の世界を構築しようとする。そうなると、大人の側が教育の必要性を感じても、子どもが教育を受け入れないという、相互関係の挫折が感じられることもあるだろう。大人は、もはや保護や指導が不適切であると知りながらも、保護や指導を試みたり、懸命に呼びかけたりすることしかできない。時にはそれらを放棄したりもするかもしれない。

とくにこのような時期において顕著になることであるが、異世代間の相互形成過程では、互いが互いの異質性を尊重することが求められる。それぞれの成熟の様相は異なるため、その関係は unequal であることはエリクソンも言及していることであった。

ここで改めて、それぞれが「異質」という意味で unequal であるということに焦点を当てたい。その異質な他者を互いがどう認め合い、それぞれの異質性を相互に形成し合うか。異世代間の相互形成という過程は、この異質性にどう向き合うかというサブテーマを含んでいるように思われる。

年齢が小さいほど、子どもは、さまざまに大人を同一化し、その価値観やルールを自身のなかに取り入れていく。それが子どもにとって外界に適応していく方法だからだ。その過程では、大人は子どもに寄り添い、子どもは大人と重なり合うように変化していく。成長の過程で子どもの世界は広がっていくが、なお大人は同一化の方向ではたらきかけ、子どもがそれに応えることで親としての自分を育てていくという関係はまだ脅かされない。

だが、青年期においては、それまで親や大人に同一化することによって作ってきたアイデンティティから脱し、自らによってアイデンティティを作り直すという課題に直面する。アイデンティティが青年期において獲得されるのかということについては種々議論があるが、それでもこの時期、大人の言うことについて比較検討することができる認知能力が発達することは確かである。結果、大人とは異なる子どもの考え方、感じ方というものが、大人にはわからない子どもの世界として、しかも統制不可能なものとして迫ってくることになる。この過程は、エリクソンをはじめ多くの発達理論が支持する自立のプロセスである。大人と子どもとの相互形成がそれまでとは異なるかたちでの展開を求められる背景には、精神的自立に向かう子どもの自然な姿があるのである。

ここにおける相互形成過程には、二つの点で独特の難しさがある（梶田、1987）。一つは、自分と違うということを認めることは難しいということである。我々は、互いの同質性に基づいて関係性を構築することが多い。違うということを認めることは、その異質性を意識のうえで前面に押し出し、自分と共有する部分を背景においやってしまう過程を含む。こうして相手に対する「わからなさ」が強調されると、人は、関わり合いに対して躊躇してしまう。二つ目は、相手の異質性の意味するところや伸びていく方向性、可能性などがわかりにくいということである。わからない相手とわからない状況を進まねばならない事態に陥るのである。

だが見方を変えると、ここにある「わからなさ」こそが、複数の異質性をつなぐ鍵であると考えられるのではないだろうか。その方向性は子ども自身にとってもわからない。そのわからないものをどのようにかたちにしていくか。そのわからなさにどう耐え、その過程をどう進むのか。これは子どもにとっても大人にとっても共通の課題である。つまり、子どもとの共同作業であるとも言い換えることができるのではないだろうか。そう考えると、異質性を育て合う関わり合いのありようがみえてくる。

三　カウンセリングにおける関わり合い

わからない状況をともに進む過程として筆者が思い描くのは、カウンセリング場面である。カウンセリングにおいては、ある症状を契機に相談が始まるが、その過程においては、自分がいったいいかなる問題を抱えていたのか、それについてどう感じていたのかなど、それまでわからなかったもの、みえていなかったものをカウンセラーとクライエントがともに探す作業が営まれる。

現在では広く共有されているカウンセリングについてのこの理解は、ロジャーズの非指示的療法（後にクライエント中心療法）において明示されたものである（Rogers, 2005［1942］）。ロジャーズ以前、不適応症状の要因や解決の方法は、本人ではなく治療者によって解明されるものととらえられていた。つまり、治療者は症状についての答えを有するものとして存在し、よって患者にどう指示的に関わっていくかということが治療者における主要課題であった。だがロジャーズは、その答えを一番よく知っているのは他ならぬその人自身であることを主張し、非指示的療法を唱えた。

ロジャーズは、カウンセリングにおけるそれまでのアプローチを考察し（表一—一）、それらには大きな二つの基本的仮定があったとする。その第一は、カウンセラーこそが、個人の目標がいかなるものであるべきかを決定し、また、その状況を判断する価値観がいかなるものであるかを決定する、

表 1-1　ロジャーズによってとりあげられた指示的カウンセリングの方法
（Rogers, 2005, pp. 24-30.）

アプローチ	アプローチの内容	ロジャーズによる考察
命令と禁止	治療的であると自らが思い込んでいる個人的な強制を相手に加える。	人道主義的な感覚が欠如しているということ以上に、まったく効果をもたないことが証明されたためにほとんど放棄されている方法。 強制的な力によって人が弱体化させられるときにのみ、こうした技術によって表面上の行動が変化する。人間の行動を根本的に変える技術ではない。
説得	制約や約束が用いられる。たとえば、禁酒の誓約書にサインしたり、一生懸命働くとか、盗みをやめるとか、妻の面倒をみるとか、勉強で「A」の成績をとるとか、または何か他の賞賛に値する目標を達成するというように、ある地点まで人間を「仕立てる」手法である。そうすることで、人は自分のなかの誠意と良好な関係をもつであろうと考えられた。	心理学的には、それは一時的な情動的興奮をつくり出し、高いレベルの誠意に人間を「釘づけ」にしようとする試みとして説明できる。こうした方法は集団にも個人にも利用されてきた。 しかしこうした技術によってもたらされるほとんどの結末は元の状態への後戻りである。本当の変化をもたらすものではない。
励ましや勇気づけ	世界中のカウンセラーや臨床家が使用しているような多様な励ましの技術も入る。クライアントはいろいろないわれ方で、「あなたはよくなってきていますよ」とか、「なかなかよくやっていますね」とか、「あなたは改善しつつありますよ」などと告げられる。これらはすべて、よい方向へとむかうクライアントの動機づけを高めるだろうという期待をこめて告げられるものである。	こうした暗示は本質的に抑圧的なものである。存在している問題を否認するものであり、その問題については本人がもっている感情を否認するものであるからである。臨床家やカウンセラーが承認や励ましの言葉を数多く述べることが、クライエントがあまり受容できいような自分のなかの衝動をありのままに臨床場面にもち込むのをためらうことに導く事はめずらしくない。
カタルシス	たとえば懺悔。自分の問題を語りつくさせ、それに対して、ある決まった形の受容を与えることである。精神分析学はこのカタルシスの考えを取り入れ、それをより深く活用してきている。	現に気づかれている意識的な恐怖や罪悪感から人間を解放するだけではない。カタルシスをうまく行い続ければ、行動に影響を及ぼしているようなより深く根づいている態度にも光をあてうる。決して放棄されることなく、発展し、より広く活用されてきた一つの古典的方法である。
助言の使用	介入とも呼べる。カウンセラーは達成されるべき目標を選択し、クライアントがその目標に向かって確実に前進していくようにクライアントの生活に働きかける。	こうした技術は2つの大きな欠点をもつ。1つは、かなり自立した人間にとっては、自分は自分であるという統合性を維持するうえで必然的に受け入れられないということ。もう1つは、決定を他人に委ねる傾向をもつ依存的な人に対しては、その依存性をますます強めてしまう結果をもたらしてしまうこと。指示や助言などの技術は、ときに問題解決に役立つこともあるが、しかし必ずしもクライアントの成長に結びつかないことが多い。
知性化された解釈	説明や知的解釈によって人間の態度を変容しようとする試み。総じて人間の行動をよりよく理解することから生まれてきたアプローチ。行動を引き起こす要因や、特定の行動パターンの原因についてより適切に理解しようとし、個人の援助に必要なものは、その行動の原因を本人に伝える事であると考える。	解釈は、それがいかに正確になされようと、クライアントに受け入れられ吸収される範囲においてのみ価値をもつにすぎない。クライアントがそうした解釈を受け入れることができないならば、それらは心理療法にとって効果をもたないか、あるいは逆効果となる。 クライアントの行動についての知的な所見を提供するだけでは、その行動を効果的に変容させることはできない。

最も有能な人間であるという仮定である。これら従来のアプローチの背後にある考え方は、「カウンセラーは最上のことを知っている」というものである。第二の基本的な仮定は、カウンセラーは専門的吟味によって、選択された目標に最も効果的な方法でクライエントを到達させる技術を見い出すことができる、というものである。そしてそこで用いられる技術が、結局のところ最良のカウンセリングの方法であるとみなされるのである。

これに対してロジャーズは、クライエントが自己をみる視点を理解しながらクライエントに耳を傾ける根本姿勢を強調する「非指示的療法」を提案したのである。カウンセラーは作為的なはたらきかけを一切行なわず、ただただクライエントの内面世界に耳を傾ける。それによってクライエントは、自身の否定的感情を吐露し、問題が何であるかを発見し、自己についての洞察を深め、次に物事をとらえる知覚的枠組みを変化させていく。それがロジャーズのカウンセリング過程の基本的構造であった。

なぜロジャーズはそのようなアプローチをとったのか。ロジャーズは、「心理療法とは個人に対して何かをなすことでもなければ、自分について何かをするように個人を仕向けることでもない。心理療法とはそうではなくて自然な成長や発達へと向かうために個人を解き放ち、再び前進できるように障害となっているものを取り除くこと」(Rogers, 2005, p. 32) だと述べる。そしてこのアプローチは、ある個人が現在の問題のみならず将来の問題に対してもより統合された仕方で対処できるように、その個人が成長するのを援助するものであり、問題解決の手助けをすることによって得られる結果よりも、人間がより大きな自立と統合へと向かう方向を直接的に目指すものであるとした。

ロジャーズは、的確な指示を行なうことよりも、十分にクライエントに共感し、クライエントを無条件に肯定し、ただひたすらにクライエントの内面に寄り添おうとするカウンセラーの態度によって、その人自身が自立へと向かう力を発揮するようになることを強調した。ロジャーズが「クライエントに寄り添う」といったとき、それはその人のものの見方、考え方、感じ方（「内的照合枠」）から世界を見てみるということを意味していた。そのカウンセラーを鏡とすることによって、クライエントは自分なりの見方、考え方、感じ方をそこに映し出し、自身の問題や自分自身というものをより明確に感じ取り、とらえることができるのである。

ロジャーズが徹底的に追求したのは「作為なきはたらきかけ」とでもいうべきものであり、カウンセラーが絶対的な矛盾をはらむことによって、クライエントの自然性を回復しようとした試みであったと解釈することも可能である。我々は誰しも、自分なりの見方、考え方、感じ方の世界をもっている。それが、我々一人ひとりを個性的たらしめ、他者との異質性を保っている。だがそのような自然な自分というものは、他者の承認によって保証されるものであることに、ロジャーズの論はかえって気づかせてくれる。そしてその自然な自分を回復することを可能にする他者として、カウンセラーは位置づいている。

三節　日常的行為における教育コミュニケーション

一　異質性を育てる関わり合い

自立した個人を育てるためにロジャーズは非指示的アプローチを選んだ。だが、それを関わり合いのスキルとしてとらえることは危険である。何といっても、我々が子どもに向き合う日常場面は、カウンセリング場面と大きく異なる。

カウンセリング場面は、非日常的な関わり合いを実現できるように時間と場所の「枠」に守られている。そして何より、クライエントは、話をしたいと動機づけられている。その同意のもとで、自己変容を促すような深い洞察が進む。それに対して我々の日常場面は、「枠」による守りは一切保証されない。自分の生活のなかで予定されていないことが突然起こり、それに向き合わねばならなかったり、あるいは逆に、こちらが向き合おうと思っても相手が話をしたいと思ってくれなかったりもする。また、向き合う際に双方の対話の目的などについて合意がなされることはまずあり得ない。そのなかで、試行錯誤しながら向き合い方も探ることとならざるを得ない。まず場面設定が異なっている。

この状況と日常において我々が子どもとやりとりする状況とは大きく異なる。そのため、「作為なきはたらきかけ」を徹底的に追究したロジャーズの非指示的アプローチをそのまま日常においてスキルとして実践すると途端に多くの壁にぶつかる。日常のなかでは、大人は子どもに対して、ロジャーズが批判的に考察した「古い方法」も多分に使用しているであろう。むしろ、それをどう有効に使うかということの方が実際的な議論になっている。現在いかにそれを扱う書籍が書かれているかを考えればそのことは一目瞭然である。

また、ロジャーズの理論は、カウンセラーとしての資質に関する理論としても有名である。そしてそこで適切に存在することを求められるカウンセラーは、自身の自然とどう折り合いをつけるかという難しい問題に常に直面することとなる。

もちろんロジャーズは、カウンセラーにも自然であることを求める。有名なロジャーズのカウンセラー三原則は、①自己一致（カウンセラーの役割の底にある人間の生地の姿でクライエントに接すること）、②共感的理解（クライエントの内的照合枠で世界を理解すること）、③無条件的積極的配慮（条件つきでない受け入れをすること）である。だがこれは難しい。一つだけならなんとかできても、この三つを同時に満たすことはなかなかできない。たとえば自己一致のためにうそをつかないのであれば、率直に物事を言えばいいが、それは得てして共感的理解を損ねることにもなりかねない。これができれば、たしかに前節でのプロセスを支えることのできるカウンセラーになれるだろうが、難しい。

さらにいうならば、我々は、「本源的自己中心性」（浜田、1999）を有している。それぞれが各々の身体を中心とした、自分中心の世界から脱することができないという絶対的な事実である。我々は、自身の感覚器官を通して自身が選択的に注意を払った情報を知覚し、そして自身のやり方で解釈する。我々はたしかに相手の視点に立って物事をとらえることができる。だがそのとき自身を重ね合わせている他者とは、あくまでも我々がとらえた他者である。完全な脱中心化は、本来あり得ない（浜田、1999）。

そうとらえると、その限界をはらむなかで我々は何をしようとしているのだろうかという問いへと焦点が移される。

そもそも、なぜロジャーズは非指示的アプローチを提唱したのだろうか。それを支えているのはロジャーズの人間観である。そこでは、人間は、自己治癒、自己成長力をもつと信じられ、個人のなかに存在するあらゆる可能性を自律的に実現し、本来の自分自身に向かおうとする自己実現に動機づけられた存在であると仮定される。人間という存在に対するこのような基本的な信頼があるからこそ、非指示的に相手の世界を受け入れるというアプローチをとることができたのである。

本章でロジャーズの論を取り上げたのは、この点において、異質性を育てる関わり合いへのヒントとなると考えたからである。場面設定がなくとも、カウンセラー的態度をまっとうできなくとも、ロジャーズのとった基本的スタンス、すなわち、相手の内面性に耳を傾けるという態度は、異質性を育て合うコミュニケーションにおいて、絶対的に必要なものだと考えられる。この点において、ロジャーズの追究は、教育コミュニケーションを考えるうえで示唆的なのである。

それは何よりもまず、その人を異質な他者として認めるという、その人の自己性を保障する意味をもつ。そしてそれを理解されることによって、個人はより個人としての成熟を達成していくことができる。古いアプローチに対するロジャーズの批判的考察は、それらが、相手が自分とは異なる個性をもった人だということを前提としていない、あるいは軽視しているという主張に貫かれていた。

依存と自立の間にある子どもとの関わりにおいては、指示的・非指示的にかかわらず、さまざまなバリエーションが求められる。そしてそのいずれかが正解であるといったような保証はない。正解がアプリオリに存在するという考え自体、それを受け取る相手の内面性を無視したものである。ともかくにも関わり続けるなかで、自分の対応の仕方や相手の理解の仕方を修正したり見直したりして、適切なコミュニケーションのあり方やパターンを模索していくしかない。

二　大人と子どもの対決の意義

大人は子どもの「依存」を引き受けつつ、相手の「自立」した側面も受け入れなくてはならない。そのとき大人は子どもが有する異質性に直面することになる。そのとき大人がその異質性に適切にたじろぐということ、そしてたじろぎつつも向き合うということは、大人と子ども、双方の人間形成における深い意義を指摘することができる。

レイン（Laing, R. D.）は、我々が他者とは異なる自分自身として存在するには、「他者の他者」としての存在を認められることが必要であると述べる（Laing, 1975）。また、鷲田（1996, p. 110）は「他者の前へとじぶんを押しだすこと、他者の前でじぶんの存在に『わたしが』とか『わたしの』というふうに強勢点を打つことによって」わたしたちが〈わたし〉となると述べる。我々は自分自身になるためには、他者とは異なるものとして存在すること、さらには、異質なものとして他者に認められることが重要なのである。レインは次のような母子関係をあげる。

彼は学校を駆け出す。母親は彼を抱きしめようと腕をひらく。が、彼は少し離れて近寄らない。彼女はいう〈お前はお母さんが好きでないの？〉。彼はいう〈うん〉。彼女はいう。〈だけどお母さんはお前がお母さんを好きなんだってこと、わかっているわ〉。そして、彼をしっかり抱きしめる（鷲田、1996, pp. 115-116.）。

鷲田は、「この関係はあぶない」という。この母親の発言の意味は、「あなたはじぶんがそのように感じていると考えるかもしれないが、あなたはほんとうはそのように感じているのではないことをわたしは知っている」というものである。ここでは、「他者の他者」としてのじぶんは、その存在を認められていない。鷲田はこう説明する。

レインによれば、ひとはじぶんの行動が〈意味〉するところを他者に知らされることによって教えられる、いいかえるとじぶんの行動が他者に及ぼす〈効果〉によってじぶんが何者であるかを教えられるものであるのに、ここではこの男の子は母親によって彼女の他者として承認されない。したがって彼はじぶんにとっての他者になんの影響もあたえられない。したがって彼は、誰にもなれない（鷲田、1996, pp. 118-119.）。

これをふまえると、我々がカウンセラー的態度を維持することができないことは、むしろ積極的な意義をもつのだと指摘することができるだろう。大人が、子どもとのやりとりにおいて、子どもと同様に、相手の反応によって傷ついたり怒ったりするということ。それは、主体同士のぶつかり合いである。その自分と同一化しきれない他者の異質性に直面することを通して、相手に影響を及ぼし、及ぼされる、他者との関係において能動性と受動性をもって存在する自分というものをより明確に意識することができるだろう。

そしてそれでも向き合い続けるとき、その過程において、大人の方ではジェネラティヴィティへの成熟が進み、子どもの方では大人から与えられたアイデンティティを脱し、自らのアイデンティティを構築する方向へ進むと考えられる（田中、2003）。このときの大人が子どもに向き合うためには、自分の深部にある力を動因せざるを得ず、自分を深く耕さざるを得ない。大人の方でも自分の人生をふり返り、自分自身のあり方自体を問い直さざるを得なくなる可能性は十分考えられる。子どもの異質性を認め、自立を育むといったときには、自身の枠を超えた者との出会いとならざるを得ないからである。また、子どもの側もそのような生身の大人と向き合うことによって、他者に対して影響を与えてしまう主体であるということを自覚し、その他者の他者として存在し得る異質性を自身に引き受けながら、自分というものを定位することが可能になるのではないだろうか。

大人と子どもの関係性は対等ではないが、大人は完成された作為者でもなく、また子どもは完全に依存した存在でも完全に自立した存在でもない。その両者が関わり合いを続ける過程そのものが、異世代間の相互形成を促進し合う教育過程なのである。よってそこでの教育コミュニケーションは、互いの成長とともに変容を迫られ続ける試行錯誤的なものとならざるを得ない。だがそのなかで教育過程は展開され、時にはスムーズに互いの成熟を促進し、時には挫折へと至る。日常的行為における教育コミュニケーションは、このように進行していると考えることができる。

おわりに

本章においては、我々の日常における人間としての発達過程をとらえ、そこにおいて取り出される教育の意味を抽出した。

ここでは、教育は「異世代間の相互形成」として考えられたが、人間形成過程における相互形成プロセスを考えると、ここで述べたことは必ずしも異世代間に限定されないという印象をもたれるかもしれない。

たしかにそうかもしれない。現在、学びの共同体の形成（佐藤、2006）や協同学習（ジョンソンら、Johnson, D. W. et al., 1998［1984］）など、これまでにはないさまざまな関係性における教育過程が展開されている。教育の内容をより幅広く人間形成ととらえることによって、そこにはさまざまな関係性が存在し、それぞれにおいて独自のコミュニケーションが教育を促進する。そしてそこでは必ず、単なる学習ではなくここで取り上げたような人間形成の文脈が付随するのである。

引用・参考文献

Eisenberg, N. & Mussen, P. 1989 *The roots of prosocial behavior in children.* New York: Cambridge University Press. 菊地章夫・二宮克美（訳） 1991 思いやり行動の発達心理 金子書房

Erikson, E. H. 1959 *Psychological issues: Identity and the life cycle.* New York: W. W. Norton. 小此木啓吾（訳編） 1973 自我同一性――アイデンティティとライフサイクル 誠信書房

Haley, J. 1973 *Uncommon therapy.* New York: W.W. Norton.

浜田寿美男 1999 「私」とは何か――ことばと身体の出会い 講談社

岩田純一 1998 〈わたし〉の世界の成り立ち 金子書房

Johnson, D. W., Johnson, R. T., & Johnson, H. E. 1984 *Circles of learning: Cooperation in the classroom.* Alexandria, Va.: Association for Supervision and Curriculum Development. 杉江修治・石田裕久・伊藤康児・伊藤 篤（訳） 1998 学習の輪――アメリカの協同学習入門 二瓶社

梶田叡一 1987 真の個性教育とは 国土社

Laing, R. D. 1961 *Self and others.* London: Tavistock Publications. 志貴春彦・笠原 嘉（訳） 1975 自己と他者 みす

ず書房
松沢哲郎　2005　アイとアユム　講談社
中間玲子　2007　自己形成の心理学　風間書房
西平　直　1993　エリクソンの人間学　東京大学出版会
岡堂哲雄　1992　家族のライフ・コースと発達段階　岡堂哲雄（編）　家族心理学入門　補訂版　培風館　pp. 87-98.
Rogers, C. R.　1942　*Counseling and psychotherapy: Newer concepts in practice*. Boston: Houghton Mifflin Company.　末武康弘・保坂　亨・諸富祥彦（訳）　2005　ロジャーズ主要著作集1　カウンセリングと心理療法——実践のための新しい概念　岩崎学術出版社
佐藤　学　2006　学校の挑戦——学びの共同体を創る　小学館
田中毎実　2003　臨床的人間形成論へ——ライフサイクルと相互形成　勁草書房
鷲田清一　1996　じぶん——この不思議な存在　講談社

コラム

ディス・コミュニケーションの意義

子どもの頃の私は、クリスマスの時期には家に飾ったクリスマスツリーに、欲しい物を手紙に書いて掛けておくということをしていました。そうすると、サンタクロースがその品をクリスマスの夜には枕元に置いておいてくれるからです。

小学校二年生のときのことです。その年、私はものすごく具体的なイメージをもってサンタクロースに手紙を書きました。あるアニメキャラクターの絵が描かれたスポーツバッグが欲しかったのですが、そのバッグは、形や素材、キャラクターの描かれ方など、実に詳細に私の頭の中で完璧にイメージされたものでした。いま考えると、それが実際に売られていたかどうかも定かではありませんが、とにかく、私はイメージどおりのスポーツバッグが欲しかったのです。そして迷わず、「○○（キャラクターの名前）のスポーツバッグが欲しい」という手紙を書きました。当然、自分の頭の中で描いたあのスポーツバッグが来ると信じて。

ところが。

クリスマスの朝、私の枕元にあったのは、素材もデザインも、そして形さえもまったく異なる、しかしそのキャラクターの絵だけはしっかりプリントされていたスポーツバッグでした。私はそれを見て呆然とし、ショックのあまりベッドの上で大泣きしていました。しかし、それを贈ったサンタさんもさぞかしショックだったことでしょう。なぜなら、私は「○○のスポーツバッグ」としか書いておらず、その観点からとらえると、希望の品を届けたことには間違いないのですから…。

この出来事により、神様といえど、サンタクロースといえど、頭の中のイメージまでは見通せないんだということを私は知りました。前年まではもしかしたら漠然とした内容しか書いてなかったのかもしれません。ですが、もしかしたら、私が欲しそうなものをサンタクロースがくみ取って、その手紙と照合して、プレゼントを用意してくれていたのかもしれません。それは、完全に大人に依存したコミュニケーションです。表現力が未熟な子どもには、当然、大人の補助が必要です。しかしコミュニケーションの不平等性があまりに大きく持続し続けると、いつまでもその不平等関係から抜け出せないように思います。それは互いの異質性に気づく場面に出会えないからです。

しかし、大人は適度にコミュニケーションの不平等性を維持することに失敗します。もともと互いに異質な存在なのですから当然です。その失敗により、子どもは相手が自分の延長ではないことに気づく、大人も自分が理解しきれない部分を子どもが有していることに気づいていくでしょう。その異質性への気づきから、より相手に向き合い、互いを理解しようとするコミュニケーションへとつながるならば、ディス・コミュニケーションは、互いの関係が飛躍的に発展する契機として訪れるものなのかもしれません。

二章　対話としての教育

大関達也

はじめに

教育は教師による一方的な知識・技能の伝達ばかりでなく、さまざまな人や物との相互作用から成り立つ。このような相互作用は、どのような特徴や意義を有しているのだろうか。本章では、教育を成立させる相互作用の問題を他者との対話という視点から考察する。

近代における教育理論は、先行世代の次世代に対する関係を基盤としている。成熟した大人と未成熟な子どもとの間には権力関係が想定されていた。しかしながら現代では、大人の成熟の意味が曖昧になり、権力の支えが揺らいでいる。その一方で、子どもは将来の目標を明確に見い出せないまま、学びから逃走しているといわれる。このような現状に私たちはどう向き合えばよいのか。ここで問題にしたいのは、近代における教育理論を支えてきた大人と子どもの間の権力関係の限界であり、また、教育そのものを新たに別様に考えることの可能性である。

そもそも、私たちにとって自明になっている教育とは何であろうか。たとえば、教師が発問し、子どもがそれに答えていくことで進行する授業は、教室で見慣れた風景の一つであろう。そこでは、教師と子どもが教材を媒体にして対話しているかのようにみえる。しかしながら、教師による発問が一定の答えを期待して行なわれるかぎり、子どもに対する教師の語りには技術的操作がはたらいているといえよう。この場合、教育における相互作用は、教師による発問の意図や教材の教育的意図によってすでに方向づけられており、教育者の意図どおりにはならない子どもとの関係が見失われているといえる。それに対して、教育を他者との対話という視点からとらえる試みは、後に詳しく述べるように、教師と子どもの教育的関係を、さまざまな人や物との相互作用のなかで、教師と子どもがそれぞれ自己とは異質な他者の言葉に傾聴し応答することに責任をもつ関係、すなわち倫理的関係として再構築することになる。

一節　教育における技術的操作の限界

一　設問―応答―評価型会話の問題

まず、教室での会話をふり返ってみよう。教師は子どもに質問するとき、よい答えばかりを期待していないだろうか。たとえば「わかりましたか」と聞くときには、ほとんどの場合、「わかりました」という返事が期待されている。子どもの方でも、「わかりましたか」と聞かれれば「はい」となる。そこで反対の答えが出てきたり、「何もわかりません」という言葉が返ってきたりすることはあまり想定されていない（大村、1996, pp. 99-100.）。

一般の会話では、「○○さん、いま何時ですか」と聞かれれば、「○時です」と返ってくることもあれば、「わかりません」などと言われることもある。聞く者の期待や想定は、いつも実現するとはかぎらない。時には無視されたり、意外な答えが返ってきたり、裏切られたり、幻滅したりすることもある。それゆえに、質問して応答があったときには「ありがとう」となる。ここには知らない者が問い、知っている者が答えるという会話が成り立っているといえよう。

ところが、授業での会話は必ずしもそうなっていない。「○○さん、いま何時ですか」「○時です」「そうです。よくできました」となる。この場合、答えを知っている者が問いかけ、返ってくる応答の適切さを確認しながら会話が進んでいるのである。これは、「設問―応答―評価型会話」と呼ばれる特殊な会話の形式である（岡田、1998, p. 113）。

「設問―応答―評価型会話」は、主として成熟した大人と未成熟な子どもとの間で行なわれる。大人は子どもの知らない言葉や知識を教えるために子どもに問いかけ、その応答を適切な方向へと導いていく。一方、子どもの側では、大人からの評価を期待して発話がなされ、生きるために必要な知識・技能が習得されていく。こうして子どもの発話や学びは、大人の意図的・計画的な操作の対象となる。それはまた、子どもが大人の教育的意図を受け入れていく過程であるともいえる。

たしかに教師の側でも子どもの側でも、「設問―応答―評価型会話」は教授・学習のプロセスにおいて必要な形式ではあろう。しかし、教師の期待に同調することのみが子どもに求められ、それが習慣化するならば、たとえ教師の期待を超えた創造的な発話が子どもの側からなされたとしても、それを十分に生かすことができなくなってしまうのである。

二　技術的操作を可能にする権力関係

それでは、「設問―応答―評価型会話」を可能にする原理とはどのようなものであろうか。ここで注目したいのは、成熟した大人と未成熟な子どもとの間の権力関係である。それは、成熟した大人が未成熟な子どもの発達に介入し、そのような子どもを将来の完成体に向けて支援するという関係である。このような関係は、近代における産業社会の成立とともに出現したといわれる。ここで想定されている子どもは、いまだ自律的行為の主体ではなく、成熟の途上にあって大人の支援を必要とする存在である。したがって、知識の量や成熟の度合いにおいて優位に立つ大人は、子どもを操作できる立場にあるとみなされる。十八世紀後半におけるドイツ啓蒙主義の哲学者カント（Kant, I.）によれば、子どもを一人前の大人へと導き自律させることで、大人の権力は正当化されるという（Kant, 1966, p. 31）。つまり、大人の教育的行為は子どもの自律という目的を実現するための手段とみなされていたのである。

ところがカントによれば、このような教育的行為には自由が強制によって可能になるというパラドックスが含まれている。ここでの自由とは、さまざまなとらわれからの解放を意味している。自由な人間は他人の権威に依存することなく、自分自身の理性で物事を考え判断することができる。ただし、このような自由は自分勝手とは異なっていることに注意しなければならない。たとえば学校で、ある生徒が授業を妨害するとしよう。それが生徒の自分勝手なふるまいであると判断されれば、教師は生徒にそうした行為をやめさせ、他の仲間とともに学ぶように仕向けるであろう。邪魔ばかりする生徒には、自分勝手なふるまいによって授業を妨害することと、自由に振舞うこととの違いを教えなければならない。つまり、ある生徒が授業を妨害して、他の生徒の学ぶ権利を侵害するような自由は存在しないのだということを、生徒に理解させなければならない。このように大人の教育的行為には、子どもを規範に従わせることで、子どもの自由を実現するというパラドックスが含まれている。子どもの自由は規範への強制・服従を含んでおり、また、規範に服従するからこそ、子どもは自律を成し遂げるものと想定されているのである。

ところが一九六〇年代に入ると、近代的な意味での教育が有していた権威主義が批判され、子どもの自律のために大人の強制が果たして必要か、疑問視されるようになる。大人と子どもは対等な立場で民主的な討議に参加して合意を求め、自己を形成し、文化を創造していく存在として認められるようになったのである。たとえばドイツの教育学では、教育的行為をコミュニケーションの過程とみなす教育理論が発展した。近年ではオランダ生まれの教育学者マッシェライン（Masschelein, J.）が、ハーバーマス（Habermas, J.）のコミュニケーション的行為の理論をレヴィナス（Lévinas, E.）やアーレント（Arendt, H.）やリオタール（Lyotard, J-F.）の他者論と接合することによって、独自の教育理論を展開している（Masschelein & Wimmer, 1996）。だが、一九六〇年代の旧西ドイツにおいて権力批判に根拠を与えたのは、ロジャーズ（Rogers, C. R.）に由来する人間性心理学であり、また精神分析およびネオ・マルクス主義に依拠した解放的教育学であった（Masschelein & Wimmer, 1996, S. 164）。それらの理論によれば、子どもの自律は強制によってではなく、自律それ自体によって実現するという。なぜなら、人間の実存は、子どもであれ大人であれ、根本的に未決定だからである。このような人間の実存の開放性・歴史性への洞察は、大人の権力の正統性を揺るがすことになった。

また、現代における情報・消費社会の浸透は、大人と子どものボーダレス化を加速させている。大人も子どもも急激に変化する社会のなかで、知識・技能を絶えず学び続けなければならない学習者になるとともに、市場においては個人的な私欲を満たす消費者となった。こうした点では、大人も子どもも同一の地平に立つものと考えることができる。このような時代を背景に、大人と子どもは対等の価値を有する対話のパートナーとみなされるようになったのである。

しかしながら、大人の権力的地位が否認されると、教育者に特有の役割とは何かが曖昧になる。そして、教育はもはや教育者の活動という表現によって言い表すことができなくなるであろう。このように、権力批判を目的とした教育関係論は、教育者から被教育者への一方向的な知識・技能の伝達が困難になった時代を反映している。現代の情報・消費社会では、伝統的な価値や理念が疑わしくなり、教育の目的も伝達すべき内容も自明のものではなくなっているからである。

三　教育の〈目的―手段〉的性格に対する批判

これまで自明視されてきた教育の目的が曖昧になれば、手段としての大人の教育的行為も問い直されなければならない。そもそも、大人と子どもの間の権力関係は教育の〈目的―手段〉的性格によって正当化されていたのである。したがって、大人と子どもの間の権力関係に対する批判の核心は、教育の〈目的―手段〉的性格に対する批判であった。それでは、このような〈目的―手段〉的性格を有する意図的教育に代わって、新しい教育モデルはいかにして提示されたのか。それはまず、相互作用に基づく人格発達のプロセスとして提示されたといえる。この場合、教師と子どもは、権力関係の視点からではなく、相互主体的（intersubjektiv 間主観的／相互主観的）関係の視点から、対等で水平な教育的関係を築くものと想定されたのである。

マッシェラインによれば、教師と子どもの教育的関係を相互主体的関係の視点からとらえる教育理論には、二つの主流となるモデルが存在する。一つはモレンハウアー（Mollenhauer, K.）の解放的教育学やシャラー（Schaller, K.）のコミュニケーション的教育学に代表される「相互作用としての教育」論であり、もう一つはブーバー（Buber, M.）の対話的教育学に由来する「対話としての教育」論である（Masschelein & Wimmer, 1996, S. 166）。これらの教育理論は基盤となる思想の系譜が異なっているとはいえ、共通した点をもっている。それは人間の実存の未決定性（歴史性・無根拠性）を理由に、教育の権力性を否認する点である。教師と子どもは目的のはっきりしない人生をともに生きるという意味で、同一の実存条件を共有しているとされる。このように教師と子どもが原理的に対等な価値を有しているとすれば、教育の〈目的―手段〉的性格に支えられた教師と子どもの間の権力関係は正統性を失ってしまう。そしてそのことが契機となって、従来の意図的教育は相互主体的な「相互作用」や「対話」としてとらえ直されたのである。

ところが、これらの教育理論では教師と子どもの相互主体的関係が、努力して到達すべき理想状態として理念的にのみ想定されている。つまり、実際には主体としての教師の側から子どもとの関係が把握されているのである。これでは、教育の〈目的―手段〉的性格への教師のとらわれは避けられないものとなるであろう。たしかに子どもは、知識や能力の点で教師と対等ではあり得ず、成熟の度合いにおいても教師の支援を必要とする存在ではあろう。しかしこのような見方は、大人の権力が揺らぎ、教育の目的が自明なものではなくなっている現代において、どこまで有効なのか再考してみることも必要ではないだろうか。

その一方で、教師と子どもの教育的関係を「対等なコミュニケーション」に置き換えることはそもそも可能なのか、という疑念や批判が表明されてきたことについても留意しておかなければならない

（鳥光、2002, p. 126）。たしかに「対等なコミュニケーション」を理想状態として想定することは、教育における権力性や操作性を批判することにはなろう。しかし、現実の学校で権力による強制なしに教育が行なわれることはあり得ないのではないだろうか。むしろ、それがあたかも可能であるかのように主張する言説は、教える行為に備わっている権力性を結果的に隠蔽することにもなりかねないのである。

その際に同時に見失われるのは、「〈教える―学ぶ〉という関係の非対称性」である（柄谷、1992, p. 9）。教える者からみて，学ぶ者は理解し難い他者として現れるのが普通であろう。教えたからといって、思いどおりに学んでいるという保証はない。むしろ、教えるという行為は学習者の恣意的な学びに依存せざるを得ない面がある。教えることと学ぶことは、「話せばわかる」式の連続的なコミュニケーションの過程ではない。教える者と学ぶ者の間には、「対等なコミュニケーション」によっても媒介し得ない断絶と飛躍が存在するのである。そのような意味で〈教える―学ぶ〉という関係は、権力関係（上下関係／垂直的関係）によっても「対等なコミュニケーション」の関係（平等（egalitarian）な関係／水平的関係）によっても置き換えることのできない、非対称的（asymmetric）な性格を有しているといえよう。

このように〈教える―学ぶ〉という関係は、そもそも教育者の教育的意図によってコントロールできない要素を含んでいる。それでは、教師による技術的操作の限界を越えたところで、教師と子どもの相互主体的関係はいかにして成立し得るのであろうか。次節では、このような関係が、他者の語りかけに傾聴しつつ応答する対話の実践によって成立することを確認する。ここでの対話は「設問―応答―評価型会話」の限界を示すことになるが、必ずしも教師と子どもが対等な立場で行なう理想的なコミュニケーションになるとはかぎらない。むしろここでは、教師の教育的意図や技術的操作に先立って、いつもすでに生起している語りと応答の全体を視野に入れることにしよう。後述するように、対話は問いと答えの連鎖から成る言語活動を特徴としている。では、このような対話によって教師や子どもたちは、いかにして自己を形成し、文化を創造していくのであろうか。

二節　対話に基づく自己形成と文化の創造

一　教育における「指導的対話」の限界と相互主体的関係の根源性

教師と子どもの相互主体的関係が教育の目的の実現を目指す教師の側から想定されるならば、「未成年状態（Unmündigkeit）」（カント）や「陶冶可能性（Bildsamkeit）」（ヘルバルト、Herbart, J.F.）といった語で特徴づけられてきた生徒は、依然として教師に従属する地位におかれたままである。このような視点からでは、教育の相互作用を十分にとらえることができない。

教育の相互作用を独立した主体の側から把握するならば、共通の意味や共同の行為の前提となる他者との関係は主体の意図に還元される。それによって、教師と子どもの相互作用はそれぞれの主体の意図のなかに囲い込まれることになる。教育者が被教育者を成熟へと導く意図的教育の場合、対話は「指導的対話」となる（Masschelein & Wimmer, 1996, S. 167）。それは結局のところ、教育の〈目的―手段〉的性格に依存しており、教師の意図どおりにはならない子どもとの相互作用は見失われている。この点に「指導的対話」の限界が認められるのである。

これと同様の問題は、教育的行為をコミュニケーション的行為と同一視することによって、道具的思考の隘路から逃れようとした解放的教育学に対しても当てはまる。モレンハウアーは教育の技術的性格を批判するばかりでなく、教育的行為を方向づける規範の探究も行なっていた。そのために強制のない自由な意思形成を可能にする「理想的発話状況」が規範として想定され、コミュニケーションの合理性や手続きの正当性に依拠した教育的行為が理想とされた。ところがマッシェラインによれば、このようなコミュニケーション的行為は意図的行為の特別なかたちとしてとらえられていた。つまり、相互作用の可能性の条件が行為者（教師）の意図に求められたのである。この場合、生徒の意図が正当なものとして認められるのは、教師が生徒の意図を把握して、生徒に自分の意図を実現できるようにチャンスを与えることによってでしかない。その結果、教育は「見せかけの相互作用」として現れることになったという（Masschelein & Wimmer, 1996, S. 168）。

マッシェラインが指摘した解放的教育学の問題点は、コミュニケーション的行為の相互主体性が意図をもった主体から導き出されていることである。それによって、コミュニケーションの過程は意図をもった主体の意味付与や自由に依存するものとなり、教育における道具的関係（〈主体—客体〉関係）と相互主体的関係（〈主体—主体〉関係）は根本的に区別し得なくなるのである。

それでは、「指導的対話」の限界や解放的教育学の問題点はいかにして克服し得るのであろうか。この問いに答えるためには、教育学における「コミュニケーション論的転回」の意義を確認しておかなければならない。意図的に行為し、意味を付与する独立した主体（自我）から出発して他者を認識しようとする近代の意識哲学（認識論）では、他者との関係よりも主体の意味付与あるいは自由が先行する。そのために、他者の存在は計算可能な客体となり、主体の欲求を充足させるための道具となってしまう。そこでマッシェラインはハーバーマスに依拠して、このような目的合理的な行為概念の基盤にある意識哲学を批判することによって、教育の〈目的―手段〉的性格を克服しようとしていた。マッシェラインによれば、教育における道具的関係と相互主体的関係を根本的に区別するためには、教育的行為の相互主体性（Intersubjektivität）を出発点にして、主体性（Subjektivität）はいかにして可能かが問われなければならない。ここでは主体を出発点にして他者との関係をいかに取り結ぶか、という近代の意識哲学の問いではなく、いつもすでに関わっている他者との関係、すなわち相互主体的な関係を出発点にして、主体がいかに形成されるかが問われている。つまり、従来の問題設定が逆転させられているのである。このような逆転をマッシェラインは教育学における「コミュニケーション論的転回」と呼んでいる（Masschelein & Wimmer, 1996, S. 169）。教師と子どもの存在を、主体に先立つより根源的な相互主体的関係として、すなわちコミュニケーションの関係としてとらえ直した点に、ハーバーマスの「コミュニケーション論的転回」の意義が認められることになったのである。

二　相互主体的関係の構造と対話の本質

教師と子どもの相互主体的関係の構造は、フッサール（Husserl, E.）の現象学に由来する「地平」や「生活世界」といった概念によって説明することができる。ここでは「地平」を、教師や子どもたち一人ひとりの立場を拘束する立脚点であるとともに、認識を可能にする視界ととらえておこう。「地平」はそれ自体として対象化されることはなく、あらゆる経験の基盤であり出発点となるものである。「地平」をもつ教師や子どもたちは世界を構成する。この世界は教師や子どもたちが生活している有意味な世界であり、それをここでは「生活世界」と呼ぶことにしよう。「生活世界」は時間の流れや、さまざまな人や物との相関関係あるいは相互作用から成っている。そうすると「生活世界」は固定的なものではなく、時間とともに変化する流動的なものとなるであろう。そしてこのような「生活世界」において、教師や子どもたちは相互に関わり合う関係（相互主体的関係）を生きていることになる。さらに教師や子どもたちは、学校や教室ばかりでなく、家庭や地域などを含むさまざまな「生活世界」を生きている。それゆえに「生活世界」は、異なる諸「地平」が複雑に絡み合った全体であるといえる。このように教師や子どもたちは、流動的で複合的な「生活世界」のなかに入り込んで生きているのである。

こうした教師や子どもたちの生の存在様式は、ハイデガー（Heidegger, M.）による「現存在（Dasein）」の実存論的分析を手がかりとすることによって、理解の一般的構造の問題へと発展する。現存在（ここでは「人間」と解しておこう）は意識するしないにかかわらず、いつもすでになんらかの世界に投げ込まれている。そしてその世界のなかで自己の存在を理解している。いかなる存在もなんらかの世界から出発せざるを得ない。したがって、理解すべきもの（自己や世界）は、たとえ漠然としていようとも、「予め（vor）」あるもの「として（als）」すでに理解されていたことになる。これは現存在の「被投性（Geworfenheit）」、あるいは「世界—内—存在（In-der-Welt-Sein）」という事実を表している。しかし、現存在は「生活世界」の「地平」を立脚点とする一方で、相互に関わり合いながら既存の世界にはたらきかけ、新たに有意味な世界を築いていくことができる。つまり、「地平」は閉ざされているのではない。現存在はいつもすでに他者とともにあり（共同存在）、将来の可能性に対して開かれている。このように、予め理解されていた現存在は、同時に自らの存在可能性に向けて自己や世界を理解しようとしている。これは「投企（Entwurf）」と呼ばれる現存在の存在様態であるとともに、理解の一般的構造を示すものとされる。このことを教育の文脈で考えるならば、教師や子どもたちはいつもすでになんらかの学びの場に投げ込まれており、そこから出発して新たに共同の学びの場を創造していく。このようなプロセスのなかで、さまざまな人や物との出会いが生じ、いままで気づかなかった世界が眼前に開かれる。そしてこれまでの自己や世界についての先行理解が修正され、新たに自己や世界が再発見されていくのである。

それでは、子どもたちを自己や世界の再発見へと誘うために、教師がなし得ることは何であろうか。従来からしばしばいわれてきたことは、教師の発問の仕方や教材の提示の仕方の工夫である。たしかに授業における教師の発問や教材の提示は、子どもたちの世界理解や自己理解を促すように操作される必要があるだろう。しかし、このような操作が「設問―応答―評価型会話」のなかで行なわれるならば、教師は子どもたちを既存の学校世界や文化的世界に適応させることしかできないであろう。もっとも、学校世界や文化的世界は、子どもたちにとって、初めは異質な世界として現れる。そのような世界に慣れ親しむよう子どもたちを適切に導くことは、教師の重要な役割ではある。しかし子どもたちは、教師の発問や教材の教育的意図を越えてさまざまな人や物と出会い、自己や世界を再発見するのではないだろうか。また、教師の側でも子どもたちの語りかけに注意深く耳を傾けることで、これまでの自己や世界に対する見方を修正し、新たに自己や世界を再発見するのではないだろうか。このように考えるならば、子どもたちに発問し教材を提示する教師が第一に留意すべきことは、子どもたちの語りかけを聴くことであろう。教師や子どもたちは相互に相手の語りかけを聴き合い、学び合う関係を築くことによって、学校世界や文化的世界を再編していくことができるのである。

このような対話の可能性を考察するにあたって手がかりとなるのが、ガダマー（Gadamer, H-G.）の哲学的解釈学である。ガダマーは、ハイデガーによって示された理解の一般的構造を対話のプロセスとしてとらえている。ガダマーによれば、あらゆる理解には先入見がともなう。無意識のうちにはたらいている先入見には個人の思い込みばかりでなく、伝統や習慣として人々に共有されたものもある。このような先入見を意識化するためには、自己とは異なる「地平」をもつ他者の語りかけを聴かなければならない。ここで聴くとは、同時に問うことをも意味している。問うことによって、意識化されていない先入見を吟味することができるのである。だが、そのようなことを可能にするためには、自己は他者に対して開かれていなければならない。「互いに相手に開かれることなしには、人間同士の結びつきは存在しない。互いに相手と結びついているということは、互いに相手の言うことに耳を傾けることができるということである」（Gadamer, 2008［1960］, p. 558）。

ガダマーによれば、意識化されていない先入見の批判的な吟味は、先入見を完全に放棄することではない。むしろ、自己の先入見は異質なものと出会うことによって初めて、それとしてはたらき出す。自己は先入見をはたらかせながら他者と関わることになる。このとき、自己と他者の個別性が止揚され、双方の「地平」が重なり合い拡張されてゆく。このような事態をガダマーは「地平の融合」と呼んでいる。もっとも、自己と他者の間の隔たりが完全に克服されて、双方の地平が一致することはあり得ない。「地平の融合」は、差異や異質性の経験を内包した完結し得ない対話のプロセスとなる。これを教育の文脈で考えるなら、教師の側でも子どもの側でも、異質なものと出会うことで、これまでの先入見を修正しつつ新しい経験に開かれていくことになる。このような経験が学びを成立させるのである。ここで先入見の更新を可能にするのは、問い答えるという対話の構造である。ガダマーは、答えることよりも問うことの方が難しいことを強調しつつ、問いの意味を次のように述べている。

対話術は問いと答えの交替として、あるいはもっとうまく言えば、知が問いを経由することとして、遂行される。問うということは未決定の状態におくということである。問われた事柄の未決性は、答えが定まっていないというところにある。問われた事柄は確認され決定されるまでは、まだ宙に浮いているはずである。このように問われた事柄をその疑わしさについて未決定の状態にしておくことに、問いの意味がある（Gadamer, 2008［1960］, p. 562）。

対話では答えの定まっていない問いがまずあって、共同で知が探究される。そのような探究のプロセスで得られる知は最終的な答えではあり得ず、いつも開かれた問いのかたちになる。ところが、教育では答えを知っている者が知らない者に問いかけるのが普通である。「教育上の問いのもつ独特の困難と逆説は、真に問う者がいないというところにある」（Gadamer, 2008［1960］, p. 562）。それに対して、対話の本質は次のような点にあると、ガダマーは言う。

対話をするには、まずもって、対話者たちが互いに相手を無視して語ってはならない。対話をすることには、したがって、問い答（応）えるという構造が不可欠である。対話術の第一の条件は、その都度相手とともに歩むということを確保しておくことである。このことを示すとてもよく知られた例は、プラトンの対話篇で対話相手が終始「はい、おっしゃるとおりです」と応じ続けることである。この単調さは裏返せば、積極性でもあって、つまりそれは、問答において話し合われている事柄が内的一貫性をもってまえに発展していくということである。問答するとは、対話者たちが目指している事柄に指揮されるようになるということである。問答をするには相手を議論でへこますのではなく、反対に、相手の意見が事柄に照らしてどれほど重要か、ということを実際に検討することである。（中略）対話術の本質は、言われた事柄の弱点を突くのではなく、その本当の長所を生かすことにある。ここで考えられているのは、弱い意見をも強い意見に変えられる論法や話術ではなく、言われたことをその内容から強化できる、思考する技法である（Gadamer, 2008［1960］, pp. 567-568.）。

ここではまず、対話を導くのは問う者でも答える者でもなく、両者の間で話題となっている「事柄」であることが明らかにされている。対話に参加する者は、「事柄」の導きに従いつつ、相手の発言の長所を生かそうとするのである。したがって対話は、私情をはさまず論理的に相手を説得するディベートや「黒を白と言いくるめる」詭弁とは異なる。あるテーマについて賛成派と反対派に分かれるディベートでは、参加者が本心はどう考えているかはどうでもよい。そこではどんな立場であれ、論理的で説得的であることが重要である。しかし対話では、まず相手の真理要求（Wahrheitsanspruch）を誠実に受けとめなければならない。それは、相手を論理で打ち負かすことではあり得ない。相手の言葉がたとえ不完全であっても、話題となっている「事柄」の意味に照らして相手の真意を推し量り、それを自己自身に適用してみることが重要なのである。たしかに、相手の真意など永遠に理解し得ないかもしれない。語り手や聞き手の意図や思いが対話を通して一致することはあり得ない。それでも、自己の先入見をはたらかせながら、相手が語った言葉の意味を読み取ろうと試みるのである。このような試行錯誤を通して相互理解が目指される。対話では、相手の言葉の重みをそのまま受けとめて、その相手に対し自分の人生を背負って語ることになる。初めに賛成派、後に反対派に立場を交換するディベートとは異なって、自分自身の信念や価値観に基づいて語ることが、対話では要求される。

三　自己形成と文化の創造

対話において、自己が形成される。異なる「地平」をもつ教師や子どもたちは、対話を通して自己を形成し、共同で学びの場を築いていく。自己はすでになんらかの世界に投げ込まれており、そのなかで他者と関わりつつ、反省というかたちで自己自身と関わっている。そのような関わりを媒介する重要なメディアの一つが言語である。ガダマーによれば、言語は世界や思考を表現するために用いられる単なる道具ではない。言語において初めて世界は現れる。私たちの思考も言語なくしてあり得ない。たしかに私たちは、美しいものや不可解なものに出会ったとき、言葉を失い沈黙することがある。日常的にも「言は意を尽くさず」という経験が、語り得ないものを示唆する。けれどもそれゆえに、私たちは言語を際限なく探し求め続けるのではないだろうか。語り得るものと語り得ないものの境界で、世界は開示されつつ隠蔽される。語られる世界は、多かれ少なかれ虚構的な性質を帯びた現実となる。それは、言語それ自体が根本的に「隠喩的な性格（Metaphorik）」を有しているからであろう。そう考えるならば、私たちの思考は言語に依存しており、言語の形成と世界の形成は切り離し得ないものとなる。このように言語は自我と世界の中間にあって事象を現出させる。それゆえに言語の形式（語彙や文法）と内容（歴史的・文化的事象）は不可分の関係にある。いかなる言語も必ず何者かに向けられる以上、語り手とともに聞き手が必要になる。多様な語り手と聞き手を結びつける媒体として、言語はいつも対話の中心におかれる。したがって、言語の私的使用は許されない。言語は対話のなかで共通のものとして形成される。語り応答することの全体として、「言語は対話において、すなわち了解し合うことによって初めて本来の存在をもつ」（Gadamer, 1986［1960］, p. 449）のである。

対話において自己は異質な世界に赴く。異質なもののなかに自己を見い出す過程で、自己疎外と自己自身への回帰が起こる。このようなプロセスを経て自己が成長していくことを、ガダマーはヘーゲルにならって自己形成（Sich-Bilden）と呼んでいる。自己形成を促す対話の相手は人間ばかりではない。ガダマーの哲学的解釈学では、主としてテクストとの対話が考えられている。ここでテクストとは多様な意味から成る織物のことである。私たちは芸術作品や古典のようなテクストの世界に我を忘れて没頭することがある。そのようなとき、私たちはいったん自己を失うことになるが、はっと我に返って自己を取り戻す。再び帰ってきたところの自己は、もとの自己とは異なり、変容した自己と世界のありようが再認識されることになる。このように自己を独特の世界に引き込む作用がテクストにはある。テクストは自ら語りかけてくると、ガダマーは言う。テクストの語りかけを聴くことで対話が起こる。それは、ものを言わない、文字（エクリチュール）によって固定された書物を、音読であれ黙読であれ、私たちが読む（レクチュール）という場合でも同じである。

問うて答え、与えて受け取り、話がすれ違ったり互いに一致したりといった形で、言語は意味を伝え合うようになる。これがまさに――文字による固定と命題に対する――対話の特徴なのである。文字による伝承に対して巧みに意味を伝え合えるようにすることが、解釈学の課題である。解釈学の課題がテクストとの対話として理解されるとき、それは単なる比喩以上のものである――それはある原初的なものの想起なのである。解釈が言語のなかで遂行されテクストとの対話が起きるということは、テクストが異質な媒体に移し入れられるということではなく、反対に、原初的な意味の伝達が回復されるということである。文字で伝承されたものは、それがおかれている疎外状態から引き出され、生き生きと現前する対話（対話の根源的な遂行様式は常に問いと答えである）へと呼び戻される（Gadamer, 2008［1960］, p. 569）。

もっとも、解釈者によってテクストの意味が完全に汲みつくされ、現前することはあり得ない。解釈者は歴史的で有限な存在だからである。テクストと解釈者の対話は無限に続く。このような対話は伝承や翻訳を通して起こっている。伝承は過去と現在の間で、翻訳は異文化間で起こる対話といえる。通時的・共時的な対話によって、テクストはそのつど別様に理解される。テクストの意味は差異をともないつつ反復するのである。その過程で、自己は越境を繰り返して変容し、テクストとしての文化も新たに伝承（＝創造）されていくのである。

伝承や異文化間コミュニケーションによって、過去と現在の隔たりや異文化間の差異を媒介する対話の可能性は、ハーバーマスやガットマン（Gutmann, A.）やテイラー（Taylor, C.）の多文化主義の考え方にも反映している（Gutmann, 1996）。ここでは、近代を「未完のプロジェクト」とみなし、啓蒙主義的理性（計算的・道具的理性）をコミュニケーション的理性としてとらえ直したハーバーマスの思想を取り上げよう。ハーバーマスは相互主体性を「言語」あるいは「生活世界」の本質として理解する。「言語」あるいは「生活世界」は対話の構造から明らかにされる。相互主体性はこの意味でコミュニケーション的実践の基本的性格である。対話の構造は、相互作用のパートナーが相互に相手を誠実に受けとめるということ、すなわち責任能力をもつ者として承認することから成り立っている。このことは、共通の世界、すなわち共通の意味や規範の成立と不可分の関係にある。この共通の世界をハーバーマスは「生活世界」と呼ぶのである。さらに、対話の構造は、参加者が相互に期待（妥当要求）を提示し合い、場合によっては相手の正当な意見を受け入れることから成り立っている。自分の立場を表明し、相手の言葉に応答する責任をもつということは、主体の志向性の基盤となっている。つまり、妥当要求を受け入れたり主張したりすることは、主体の力によってなされるのではなく、逆に主体を確立するための条件となる。自己の要求を提示し相手の要求を受け入れることは、自我の能力ではなく、自我が構成される条件である。

このようなコミュニケーション的実践による文化の伝承は、教育の文脈においても重要な学びのプロセスとみなすことができる。この場合、コミュニケーションの構造は相互作用のパートナーが相手の発話を誠実に受けとめ、相手の意見の正当性を承認することによって、公共的世界の創造を目指すものとなる。マッシェラインによれば、相互作用の条件はその構造、すなわち妥当要求の提示と承認に関わっているのであって、主体の特質に関わっているのではない。主体の責任能力の承認は発話や行為のなかに含まれている。コミュニケーション的実践は自己実現の条件であり、伝達された文化や実現すべき自己はコミュニケーションに先立って存在しないのである。

コミュニケーション的実践では、自己のアイデンティティは傷つき得る。また、世界の共通性も危険にさらされる。真理や正義、価値があるとされるものは、コミュニケーションのなかで批判され変化し続ける。ある者が存在するということは、コミュニケーションの構造ゆえに傷つき得るという事態と結びついている。マッシェラインによれば、教育学の問題は第一に「コミュニケーション的〈自己〉の可傷性」に関わっている（Masschelein & Wimmer, 1996, S. 173）。この可傷性は、必ずしも援助を失った状態、すなわち保護を必要とする状態とみなすべきではない。コミュニケーションを通して自己を形成するためには、たとえ自己の意に反していようとも、あえて異なる意見や反対意見を自己自身に適用してみることが必要である。そのようなときに自己は受苦の経験をすることになる。コミュニケーションに参加するかぎり、苦しみを通して学ぶという受苦の経験は避けられないものとなる。それは、自己以外の多様な視点からものの見方・考え方が学ばれるからであり、また自己の有限性・歴史性が自覚されるからでもある。このようにアイデンティティは他者との関わりのなかで形成される。そこには、これまでの自己が失われ、変容していくプロセスが含まれている。コミュニケーション的実践において他者の声を聴くということは、自己保存の欲求から単に生き延びようとするだけの自己が、他者との関わりのなかでより「善く生きる」ための倫理となるのである。

三節　教育における倫理

一　教育的関係における他者

他者との対話という視点から教育的関係をとらえるならば、教師と子どもは協働しつつ教育的行為を行なうことになる。ところが、教育的関係における他者は、必ずしも対話における他者と一致しない。教育は単純に対話と同一視することはできないのである。ここで教育的行為の特殊性を確認しておくことは、教育的関係における他者の意味を考えるうえで重要である。

大人とは異なった独自の存在として子どもが発見されて（ルソー、Rousseau, J-J.）以来、子どもの他者性は教育学における重要な問題とされてきた。子どもの他者性を理解し、そのことに配慮することが教育的行為の課題とみなされたのである。ところが、ここでの他者性は、主体Aに対する、もう一人の主体aの主体性という限定された意味を付与されていた。他者性の問題は、基本的には主体性の問題に包含されていたのである。とくにフンボルト（Humboldt, W. v.）やシュライエルマッハー（Schleiermacher, F. E. D.）以来、主体の個性とその陶冶の問題として、他者の他者性が反省された。

この場合、他者は自分とは区別される、もう一人の個的・自律的で自由な主体として主題化されたのである。それゆえに、教育的行為の特殊性に関する伝統的な教育思想の背景には、ある自明となった教育の概念や教育的思考過程が潜んでいるといえる。それは、教育されるべき者がいまだ未成熟な状態にあり、自己実現や自律が期待されていることである。マッシェラインによれば、このような教育の解釈は自己意識の理論を基盤としている。マッシェラインのいう自己意識の理論では、主体性の確立を自律や自己実現のプロセスとみなす。このような視点では、相互主体性は自律的主体の相互性として表れる。つまり、自己と他者の相互主体的関係は鏡像的シンメトリーの関係となる。そして、教育者と被教育者との間の不平等は、被教育者が自律や自己実現を遂げたのちに解消される、時間的に制約された差異とみなされる。それゆえに、子どもが生まれるという事実、すなわち新しい存在の誕生は、完成可能性（カント）、完全性（ルソー）、改善（シュライエルマッハー）、陶冶可能性（ヘルバルト）の文脈で解釈されてきた。そこでは「新しい者」の意味は未成熟な者として把握されているのである。

マッシェラインによれば、このような伝統的な教育思想では教育的行為の特殊性が二つの観点から定義される。

・子どもの未成熟な状態
・自己実現

これらの観点では、教育的行為の特質が被教育者の存在状態から規定されている。つまり、教育者と被教育者の地位が両者の関係から明らかにされていないのである。

同様のことが相互行為のとらえ方についてもいえる。

①共同で存在するという意味と、相互に責任を負うという意味で二重の意味をもつ人間同士の結びつきは、目的、アイデンティティ、世界、歴史、生活世界、言語、規範、期待、理念の共有によるものとされる。これらを共有することが他者と関わるための条件とみなされる。

②行為は同一の目的を目指してのはたらきかけ、あるいはアイデンティティの実現とみなされる。

教育において理念、目的、理想像、アイデンティティを実現することは、伝統的な教育思想に浸透している思考様式である。そのような思考様式において、教育的関係は技術的・道具的な関係として理解される。

それに対して、マッシェラインはハーバーマスに依拠しつつ教育的行為をコミュニケーション的行為として把握する。ここでのコミュニケーション的行為は、主体とその自律性から基礎づけられるのではなく、責任主体としての主体を形成する行為として把握される。この試みは、対話やコミュニケーションに関係する教育的思考を〈目的―手段〉構造に関係する教育的思考から根本的に区別する。それればかりでなく、教育的行為の独自性に関する新たな教育学的問題設定が可能になった。すなわち、相互主体的関係に基づく教育的行為は、他者に応答する責任の観点から規定されるのではないか、という問いが立てられることになる。

二　他者に応答する責任

〈私〉は他者を認識し、他者へと意図的に向かう以前に、他者から呼びかけられ、他者に応答する責任を担うよう仕向けられている。そのように考えるならば、〈私〉は受動的な性格を帯びることになる。他者から呼びかけられた〈私〉は釈明しなければならない。他者からの呼びかけに応答することによって初めて、〈私〉は主体となる。したがって、〈私〉と他者の関係は、本質的に非対称的である。このような観点は、教育的行為の相互主体性に関する考察にどのような示唆をもたらすのだろうか。

マッシェラインによれば、相互主体性のラディカルな視点は、第二次世界大戦以来、アーレント、レヴィナス、リオタールなどのさまざまな哲学において発展した。しかしそれらは、教育学的反省に対してほとんど意味をもたなかった。相互主体性の視点を正当なものとして認める教育学的根本思想の過程への問いは、同一性の暴力に対する批判として、すなわち「アウシュヴィッツ以後の教育？」というアドルノ（Adorno, T. W.）の問いの繰り返しとして定式化することができる。

相互主体性の視点が教育学の言説から排除されてきたのは、誕生の意味にほとんど注意が注がれてこなかったからである。それに対して、行為とは誕生の事実に対する応答であるとするアーレントの思想に依拠するならば、教育を「新しい始まり」に対する応答として規定することができる。教育は単に可能性を実現するための手段であるばかりでなく、他者に応答する責任として定式化される。こうして、教育的関係は倫理的関係として再構築されることになる。

教育学において相互主体性の視点を正当に評価するためには、教育的行為を誕生の事実に対する応答とみなすことが必要である。教育的関係におけるパートナーの地位や行為の意味は、他者に応答する責任という観点から規定されなければならない。以下にそのことを詳しくみていくことにしよう。

(一) 教育的行為の多元性と他者性

アーレントによれば、行為は多元性という条件のもとでのみ可能である。あらゆる行為は相互行為である。行為は制作とは異なって、孤立状態のなかではけっして実現しない。どんな孤立も、意志するしないにかかわらず、行為能力を奪ってしまう。多元性は行為者のふるまいに先立つ根本的な存在様態である。私たちは後になって他者と関係するようになる行為者ではなく、相互行為をする存在である。行為は、アイデンティティをもった主体が後になってようやく別のアイデンティティをもった主体と出会うことで成立するのではない。多元性とはアイデンティティをもった者が多数存在するということではなく、多様な人々の「間に存在すること」(Inter-esse)を意味している。私たちは行為する存在であり、相互行為をする存在である。存在するとは「間に存在すること」である。私たちが多様な人々の「間に存在すること」は、相互行為において明らかになるが、通常は考慮されずに忘却されている。

相互行為を出発点とすれば、〈私〉が付与する意味は、〈私〉が与えた後で誰か他人が受け取るようなものではなく、いつもすでに共同体の意味である。共同体の意味は語りと応答からなる対話においてのみ成立する。応答としての行為の特徴づけに関して重要な点は、第一に、行為とは他者から発せられた問いに対する応答であるという点である。そして第二に重要な点は、人間同士の結びつきは対話それ自体のなかにあるという点である。対話の他に人間同士の結びつきや統一をもたらす要素は必要としない。真の対話は何かを超えて一つになることでなければ、何かを経て統一を実現することでもない。対話はいつも語りと応答から成り立っている。

そもそも、多様なものを統一へともたらす精神のはたらきは理性の作用と考えられてきた。対話的理性、あるいはコミュニケーション的理性は差異をもった個々人が話し合いを通して合意を形成し、公共的世界を築いていくプロセスを可能にする。しかし、差異を一致させたり、合意を求めたりすることだけが対話やコミュニケーションの本質ではない。むしろ話し合いの結果、自己と他者との間に克服し得ない差異や隔たりが確認されることもあろう。にもかかわらず差異を統一する理性が求められるとすれば、そこには自己を揺るがす他者の存在を認めることに対する恐れや、意味連関を失うことに対する不安があるものと考えられる。

アーレントによれば、統一的基盤を前提とした人間同士の結びつきは、多元性のもつ意味を否定することになる。なぜなら、個々人は交流し得る同質の個体にすぎないものとなるからである。連帯は統一的基盤を指すのではなく、責任や弁明によって成り立つという。私たちが結びつけられるのは、私たちの行為や発話が結合的性格をもつからであり、私たちに問いを立て、答えを強いる他者と結びつくからである。他者に対する応答はけっして恣意的なものではない。応答の必然性が私たちを直接結びつけるのであって、統一的基盤を共有することで私たちの間に結びつきが生まれるのではない。

大人からみて他者としての子どもは、大人に態度表明や応答を促す存在と考えることができる。このことをマッシェラインはレヴィナスに依拠しつつ、次のように説明する。「子どもは、ドアをノックして受け入れを請い、態度表明の義務、応答の義務を負わせるユダヤ人の立場に相当する」(Masschelein & Wimmer, 1996, S. 179)と。ここでは、戦争の暴力やユダヤ人虐殺の野蛮に対する抵抗概念としての他者が教育の文脈で読み替えられている。他者(新しく生まれた者)としての子どもは、大人としての〈私〉に問いを立て、応答の義務を負わせるというのである。他者としての子どもは、私たちの歴史や共通の応答・判断には適合しない。私たちは新たに応答し、歴史に対して判断を下す義務を負うことになる。

(二) 教育的行為の偶然性と単独性

応答としての行為に関連して重要なのは、存在しない者や新たに誕生する者へのまなざしである。そのようなまなざしは、自己の存在の自明性を疑わしいものにする。すでに存在しているものは別様でもありえたであろうし、存在しないこともありえたのである。

それでは、このような偶然性の経験を私たちが受け入れることにはどのような意味があるのだろうか。マッシェラインによれば、偶然性の経験において、私たちが存在しなかったかもしれないということは、けっして現前しないもの、絶対的な差異をもった他者を受け入れることを意味する。ここで問題となるのは他者に対する負債である。この負債は態度表明をする責任を負わされた者の状態を示している。

ここにアウシュヴィッツの生き残りの経験の射程があるとマッシェラインはいう。自己の存在それ自体が他者に対して弁明され得るのか、あるいは他者に対する責任を担い得るのかが問題だからである。この場合、債権を有する者は他者である。自分自身が生き残ったことに対する驚愕、「なぜ私が？」という、選び出されたことに対する驚愕は、〈私〉自身の単独性を自覚させることになる。

それゆえに応答としての行為は、他者に対する〈私〉の応答となる。それは〈私〉が単独でする応答であり、他者からの回避できない問いに対する新たな応答となる。態度決定し、判断せざるを得ないのは、他者への応答を自分以外の人にゆだねたり拒否したりすることができないからである。リオタールはこのような他者への応答責任を「存在していることの負債」と呼び、それをインファンスと結びつけている。インファンスは子どもを意味するとともに、語り得ない者を示唆している。

私はここで、子どもを、負債に対する従順さ、生の、時間の、出来事の負債、あらゆることにもかかわらずそこに存在していることの負債と呼び得るようなものに対する従順さとして理解している。このような負債を執拗に感じ続け、これを尊重することによってのみ、大人は、ただ生き延びているだけの者、消滅を猶予されている者であることから救われ得るのである（Lyotard, 1995, p. 95）。

ここでは知識や基準なしの判断、態度決定、責任が問題となる。この責任は拒否し得ず、人格的な危機をもたらす「新しい始まり」（アーレント）において自覚される。応答を促す他者としての子どもとの関係には、保護されるべき共通の伝統や歴史は存在せず、応答する者、すなわち善悪を判断する責任を負った者の単独性のみが存在する。歴史に保証されない判断が問題であって、歴史内部の判断、共有された判断の反復は問題とならない。歴史の「新しい始まり」としての判断が問題である。態度表明は知識、基準なしで行なわなければならない。

教師と子どもの教育的関係もまた、応答を促す他者の語りかけに傾聴し、態度表明をする責任に支えられている。教師が他者としての子どもに応答する責任を負うことは、教育的意図の独善性を反省し、よりよい教育を行なうための倫理となるであろう。たしかに、語り得ない者（インファンス）を代弁することは困難である。他者に対する応答責任（responsibility）は、教育の結果（たとえば試験の成績）についての説明責任（accountability）とは異なる。他者としての子どもに対する応答には究極の答えはなく、試行錯誤の繰り返しにならざるを得ないのである。

おわりに

このように教師と子どもの教育的関係を他者との対話という視点からとらえる試みは、さまざまな人や物との相互作用のなかで、それぞれが他者の語りかけに傾聴しつつ応答することに責任をもつ関係、すなわち倫理的関係の可能性を示すものとなる。その際に、教師と子どもは異なる文化を背景とする異質な者同士とみなされ、対話を通して自己を形成し、公共的世界を構築していく存在としてとらえることができる。

たしかに現実の学校のなかで期待されている教師と子どもの役割はけっして対等ではない。しかも、権力関係とは異なる意味で、教師と子どもの教育的関係は非対称的なものである。つまり、教えたからといって学んでいるとはかぎらないという意味で、教師と子どもの間には断絶がある。語った内容が理解されるのは、相手と意味を通じ合わせることができるからである。このような対話は、相互理解が成功した地点から考えられている。それに対して、〈教える―学ぶ〉という関係において現れる他者は、発話の意味を通じ合わせることが困難な相手である。教育は通常、このような相手との対話になる。他者とは自己自身の存在を揺るがす不確かな相手であり、そのような他者を承認することが対話としての教育の出発点である。対話はいつも成功するとはかぎらない。私たちにできることは、他者の語りかけを聴き、誠実に応答し続けることのみである。

引用・参考文献

Arendt, H. 1968 *Between past and future: eight exercises in political thought.* New York: Viking Press. 引田隆也・齋藤純一（訳）1994 過去と未来の間 みすず書房

Arendt, H. 1958 *The human condition.* University of Chicago Press. 志水速雄（訳）1994 人間の条件 筑摩書房

Gadamer, H-G. 1960 Wahrheit und Methode: Grundzüge einer philosophischen Hermeneutik. In H-G. Gadamer (Hg.), 1986 *Gesammelte Werke* Bd.1. Tübingen: J.C.B.Mohr. 池上哲司・山本幾生（訳）1977 真理と方法（抄）ペゲラー、O.（編）解釈学の根本問題 晃洋書房 pp. 171-227.／轡田 収 他（訳）1986 真理と方法Ⅰ 法政大学出版局／巻田悦郎（訳）2008 真理と方法Ⅱ 法政大学出版局

Gutmann, A. (Ed.) 1994 *Multiculturalism: Examining the politics of recognition.* Princeton University Press. 佐々木毅・辻 康夫・向山恭一（訳）1996 マルチカルチュラリズム 岩波書店

Gößling, H. J. 2004 Subjektivität und Intersubjektivität. In D. Benner & J. Oelkers, J. (Hg.). *Historisches Wörterbuch der Pädagogik.* Weinheim und Basel: Beltz Verlag. SS. 971-987.

Habermas, J. 1981 *Theorie des kommunikativen Handelns.* 河上倫逸他（訳）1985（上）1986（中）1987（下）コミュニケイション的行為の理論 未來社

広田照幸 2002 〈教える―学ぶ〉関係の現在 近代教育フォーラム11、87-107.

カント、I.　尾渡達雄（訳）　1966　教育学　カント全集　教育学・小論集・遺稿集16　理想社　pp. 7-98.

柄谷行人　1992　探究Ⅰ　講談社

Lévinas, E.　1961　*Totalité et infini.* La Haye: Nijhoff.　合田正人（訳）　1989　全体性と無限——外部性についての試論　国文社

Lyotard, J-F.　1991　*Lecture d'enfante.*　小林康夫他（訳）　1995　インファンス読解　未來社

Masschelein, J., & Wimmer, M.　1996　*Alterität, Pluralität, Gerechtigkeit: Randgänge der Pädagogik.* Sankt Augustin: Academia Verlag; Leuven University Press.

松浦良充　2002　教育関係論から「学び」論へ　Learningの思想史に向けて　近代教育フォーラム11、109-121.

岡田敬司　1998　コミュニケーションと人間形成　ミネルヴァ書房

大村はま　1996　新編教えるということ　筑摩書房

坂越正樹　1999　教育的関係の再構築「大人—子ども」関係の変容　小笠原道雄（監修）　坂越正樹・高橋勝・増渕幸男・田代尚弘（編）　近代教育の再構築　福村出版　pp. 176-191.

高橋　勝・広瀬俊雄（編）　2004　教育関係論の現在　川島書店

鳥光美緒子　2002　教育システムにおける反省知の可能性をめぐって　近代教育フォーラム11、123-130.

渡邉　満　1999　道徳教育の再構築　コミュニケーション的行為の理論を通して　小笠原道雄（監修）　坂越正樹・高橋勝・増渕幸男・田代尚弘（編）　近代教育の再構築　福村出版　pp. 83-101.

コラム

終わりのない対話

兵庫教育大学の大学院は、現職教員に学びの場を提供するという使命をもっています。そこに三十歳で赴任した私は、自分より年上の教師を相手に授業をしてきました。ゼミでは教職経験の豊富な院生と一対一になることもあります。そんな相手に私は何を伝えたらよいのでしょうか。〈教える―教えられる〉という関係には当然なりません。一緒に共同研究をするつもりで頑張りましょう、ということで、試行錯誤の対話が始まります。相手の問題関心はどこにあるのか。まず、学校現場で抱えている悩みを話してもらい、それを徐々に学問的な問題設定に仕上げていくことになります。

所属するゼミが決まって間もない頃、私のゼミではこんな話をする院生がいました。

「うちの学校は授業中に非常ベルが鳴ります。でも、そんなことに誰も驚きません。珍しいことではありませんので……。それに、生徒同士の喧嘩が絶えません。この前、喧嘩の仲裁に入った教師が殴られ、けがをしました。給食の時間にサッカーボールで遊ぶ生徒がいたので、私が注意しましたが、言うことを聞きません。下手に注意すると、逆ににらまれ、後々まで目をつけられ、嫌がらせをされる始末です。そもそも生徒は先生を先生と思っていません。どんな場合でも教師が生徒に手をあげることは許されないので、そんな教師の弱い立場を生徒は見透かしているのです。保護者も教える立場にある先生を偉いとは思っておらず、好き勝手なことを言ってきます。こんな状況ですから、教材研究など夢のような話です。午後五時に学校の仕事を切り上げて、夜間の大学院の授業に来るのは大変です。それに周りは、私が大学院で学んでいることをよく思っていないようです」。

深刻な話で、ただただ聴くしかありません。ゼミはいつの間にかカウンセリングのようになっていました。「学校現場から少し距離をとって、じっくり本を読んでみてはいかがですか」とは言ってみるものの、相変わらず浮かない表情をしています。教育哲学の本を何冊か紹介してみましたが、専門用語が通じなかったのか、学校現場のリアリティに乏しかったのか。以来私は、自分の専門にすっかり自信をなくし、大いに悩みました。

出口の見えない対話の末に行き着いた研究テーマは、学級において〈教える―学ぶ〉という関係が成立する構造の解明でした。教育コミュニケーションの理論を学べば、特効薬とはいわないまでも、なんらかの処方箋が得られるに違いない。院生の方では、初め、そのように期待していたようでした。ところが、研究を進めていくうちに、徐々にではありましたが、考え方に変化がみられたのです。結局、教師の権力は回復できないということに気づいたようでした。本章（二章）で述べたように、教師は意図どおりに生徒を学ばせることはできません。それでも教師は、生徒に何かを伝えるべく、忍耐強く関わり続けるしかないのです。「理論を学べば問題が解決できるものと、長い間誤解していました。特効薬がないとわかってすっきりしました」。修士論文の審査を終えた院生は、晴れ晴れとした表情でそんなふうに話していました。

修士論文を書き終えて、いよいよ終わりのない対話が始まったということでしょうか。本当にこれでよかったのか、私自身も自問自答を繰り返す毎日です。

三章　教育コミュニケーションの規定要因としての時間割

渡邊隆信

はじめに——せかされる教師と子ども

学校の多忙化が叫ばれて久しい。学校週五日制の導入、矢継ぎ早の教育改革、多様化する保護者の要求、など。教師の日常はますます多忙になっている。忙しいのは教師だけではない。子どももまた忙しい。学習指導要領に定められた内容を、決められた期間内にこなさないといけないので、学校で子どもが好きにしてもよい授業時間などは、皆無に等しい。野外での自然体験活動であっても、それが学校教育の一環である以上、詳細なプログラムにそって分刻みの活動を強いられる。

せかされる教師と子ども。なぜ学校はこれほどまでに忙しいのか。この問いに対しては、近年の学校内外の複数の要因をあげることが可能である。しかし、学校の多忙化は、けっして最近になって始まったわけではない。本章で論じたいのは、学校の歴史をふり返ってみれば、学校の多忙化は近代学校が発展するなかで獲得された本質的な特質だということであり、また、それを克服しようとする試みが過去にも存在したということである。

本章では、教師と子どものコミュニケーションを外部から規定している学校の時間が、どのような特色をもっているのかを、学校時間割の歴史的展開をたどりながら検討していきたい。考察の手順として、まず、近代初期の学校において時計が果たした役割と象徴的な意味についてまとめる（一節）。続いて、十九世紀における時間割の厳密化とそのパラドックスについて論じる（二節）。最後に、二十世紀初頭の新教育の実践事例を紹介しながら、時間割の弾力化とその意義について考察したい（三節)。この作業は、いまだ碁盤目状の画一的な時間割が主流の日本の学校教育のあり方を問い直すことにつながるであろう。

一節　学校モデルとしての時計

一　時間と時計

(一)　客観的時間と主観的時間

人は通常、二つの時間を生きている。客観的時間と主観的時間である。客観的時間は、物理的時間とも外的時間とも呼ばれる。それは時計や暦で計測される時間であり、すべての人に均一の早さで流れる。列車の発着、テレビの放送、会社の始業と終業など、人々の社会生活を秩序づけているのは、この客観的時間である。

それに対して主観的時間は、個人が主観的に感じる時間である。同じ六十分であっても、楽しい活動ならあっという間に過ぎ去るが、たいくつな活動やつらい活動のときはとても長く感じられる。経験された時間、生きられた時間であり、心理的時間や内的時間とも呼ばれる。

学校にも客観的時間と主観的時間の二つが流れている。毎日の始業と終業、学期、学年、そして六・三・三・四制の学校段階などは、客観的時間に従って進行する。なかでも、最も身近なところで毎日の子どもと教師の活動を規定しているのは、時間割であろう。各教室の壁に掲げられた一週間の時間割表は、学校における客観的時間の象徴といえる。

同時に子どもたちは、客観的な時間の流れのなかで、主観的な時間を経験している。四十五分なり五十分なりの一単位時間のなかで、学習対象に没入し、まさに時間を忘れるように夢中になって学習することもある。そんなときは時間がまたたく間に過ぎ去り、授業の終わりを告げるチャイムの音がうらめしくもある。逆に、学習に身に入らないときには、教師の声を遠くで聞きながら窓の外をぼんやり眺め、休憩時間がくるのを待ち遠しく思うこともある。そんなときは、わずか一分間でもなかなか時計の針は進んでくれない。

（二）時計の歴史

人々の社会生活、そして学校生活を秩序づけているのが客観的時間であると述べた。その客観的時間を計測し表示してきたのが時計である。以下では、学校と時計の関係について論じるに先立ち、ロッスム（Rossum, G. D-v.）らに依拠しながら、時計の歴史について簡単に述べておきたい。

時計にはさまざまな種類があるが、最も古いのは日時計である。陰を落とす棒と目盛りのついた日時計は、古代エジプトにおいて紀元前三千年から使われていた。最初はおそらくもっぱら暦の目的で使われ、後に一日の時刻の区分が付け加わったと考えられている。公共の建物、神殿、個人の家、邸宅などを飾る日時計は、ローマ時代には帝国の全領域に普及していた（Rossum, 1999［1992］, pp. 17-19.）。

重力によって容器から物質が流れ出す仕組みを用いた流出時計として、水時計や砂時計があった。これらは、天候や日光に左右されないため屋内でも使用でき、比較的短い時間を計測するのに適していた。ギリシャ時代には水時計は、法廷や評議会で弁論や発言の時間の割り当てと制限のための道具として用いられた。弁論術の学校でも水時計の流出時間内に弁論を完結させる訓練が行なわれた（Rossum, 1999［1992］, pp. 19-22.）。砂時計の出現は意外に遅く、ある程度普及するのは十四世紀前半のことである。安価で、音も静かで、信頼できる砂時計は、同時期に登場した機械時計の同伴者であり、競争相手でもあった（Rossum, 1999［1992］, p. 113）。

まったく新しいメカニズムをもつ機械時計が出現するのは、十三世紀末から十四世紀前半にかけてのことであるとされる。中世の機械時計は四つの要素からできていた。重りによる駆動装置、大歯車と小歯車からなる伝導装置、脱進装置ないしは制御装置、打鐘装置と計時装置の両方あるいはそのどちらかの方式による表示のメカニズムである。当時の機械時計は概して大仕掛けで、高さが三メートルにおよぶものもあった。初めは王侯貴族の隠れた権力の象徴としてごく少数しか製造されなかったが、十五世紀末にはヨーロッパの主な教会や鐘楼に機械仕掛けの大時計が備えられるようになった。十六世紀に入ると大時計は鐘楼や市塔をはじめとする公共建造物にありとあらゆる形をとって設置されるようになり、さらに天文学の道具や暦の目安として、都市権力を握る商人たちの邸宅に入り込んだ。「時計同様に規則的」であることは都市生活の理想像となり、時計の所有は商人にとって成功の象徴ともなった（アタリ、Attali, J., 1986［1982］, pp. 112-114.）。

二　学校と時計

（一）宗教改革と砂時計

ロッスムによれば、十五世紀中葉以降、都市の学校の諸規則のなかに時計時間の規定が登場してくる。それはまず毎日の授業の長さを限定し、教師の労働時間を確定した。授業の長さがいったん時間で限定されるようになると、それぞれの授業が同じ長さのコマに区分されるようになる。学校時間割の原型は十五世紀末に登場し、それは宗教改革以降に広まった（Rossum, 1999［1992］, p. 236）。

宗教改革の後に精力的に振興されたキリスト教の学校制度では、できるかぎりすべての者に教育が行き届くべきであると考えられた。キリスト者の自由を達成するには、一定の読む能力と教養が必要とされたからである。世界の終末までの地上の時間が少なくなっていくという意識のなかで、現世における「神の家」――教会、国家、家族、学校――をできるかぎり広範囲に「秩序」づけたいという願望が強まった。それとともに学校制度は拡充され、学校における教授内容は拡大した。同時に、時間編成の技術もさらに開発された（Rossum, 1999［1992］, p. 239）。

時間編成の技術には、子どもの年齢別および能力別のグループ分けや、授業を時刻のリズムで区分することも含まれている。十五世紀末のウルムの学校規則には次のように書かれている（Rossum, 1999［1992］, pp. 239-240.）。

六の鐘が鳴るや否や、教師は学校へ行き、子どもとともに「来たれ、精霊よ」を歌い、そのあと彼は（生徒の）名簿を読み上げ、それから文法の練習を始める。…（午後）一二の鐘が鳴ると、校長自身が学校へ行き、一つ鳴るまで詩を読む。…すべての生徒は、朝の六と七の鐘の間の文法と同様に、注意を払わなければならない。

ルター（Luther, M.）は一五二四年作成の文書『ドイツ国全都市の参事会員へ――キリスト教にもとづく学校設立と運営の呼びかけ』のなかで、男子と女子が少なくとも一時間ないし二時間は学校に行くように求めた。図三―一はその文書の初版の扉の挿絵である。興味深いのは、男性教師の右手の壁に砂時計が掲げられている点である。当時の授業が時計の鳴鐘から鳴鐘までだけではなく、砂時計の流れに基づいて行なわれるべきであると考えられていたことを読み取ることができる。この描写は、授業時間を区切るのが定量的で客観的な時間の長さであって、もはや書物や章節ではなかったことを表している（Rossum, 1999［1992］, p. 240）。

（二）近代の学校モデルとしての機械時計

ラトケ（Ratke, W. v.）、アルステット（Alsted, J. H.）、コメニウス（Comenius, J. A.）らの活躍した十七世紀は一般に「教授学の世紀」と呼ばれる。この時代、時計による時間管理は、学校にとってますます重要度を増していく。なかでもコメニウスは、「新しい設計による、新しい学校の見取図」を描くにあたって、学校を時計モデルで構想としたことで知られている。授業の秩序を司る道具としての時計という意味だけでなく、学校組織の全体を時計のアナロジーで表現したのである。

図 3-1 ルター『ドイツ国全都市の参事会員へ』の扉
(Rossum, 1999 [1992], p. 240)

十七世紀は科学革命の時代であり、近代科学が飛躍的な進歩を遂げた。ボイル（Boyle, R.）やニュートン（Newton, I.）といった近代科学の立役者たちは、機械的自然観とキリスト教とを結びつけ、両者の調和を図ろうとした。そのときに好んで用いられたのが、時計の比喩であった。彼らは、自然や宇宙を機械仕立ての巨大な時計に見立て、神を「熟練せる名工」（ボイル）あるいは「偉大な時計造り」（ニュートン）になぞらえた（小野、1983）。

コメニウスもまた、宇宙と同様に学校を機械的な構造物として理解し、機械時計の精密な秩序を学校改革の基礎においた（Comenius, 1962［1657］, pp. 134-136.）。ここで彼が学校のモデルと考えた時計とは、先に見たような機械式の大時計である。それは、分、時、日、月の計時のみならず、新月、満月、惑星の運行や星の周期を示し、鳴鐘や点火の機能も備えていた。それ自体としては生命のない金属が、生命に溢れ、むらなく、規則正しい運動をするさまは、当時の人々にとって感嘆に値するものであった。コメニウスはそれを時計の神秘と呼び、その神秘の根拠が、さまざまな部分を一定の法則によって配置し結びつける「秩序」であると考えた。

したがってコメニウスは、学校における教授の技法もまた、「学習の時間」と「学習対象」と「教授方法」との秩序正しい精巧な配置以外のものはなに一つ必要としないと述べる。つまり、いつ、何を、どのように、という三つの要素を精確に打ち立てることができれば、時計と同様、教授の過程もまた、苦もなく、気持ちよく楽しく、また的確に進行していくのだという。このような意味で彼は、「実に精巧に組み立てられさまざまな装置で飾り立てられた時計そっくりの学校の仕組み」を至高の神の名において作り上げることを目指したのである（Comenius, 1962［1657］, p. 136）。

『大教授学』の第十九章「教授のさいに僅かな労力で敏速を得る諸基礎」は、コメニウスがこうした課題意識のもとで、いかにして時間の合理的使用が可能になるかを体系的に考察したものである。無限の世界の豊かさを、限られた人生のなかでいかに習得するか、という問題を追求したといえる。世界初の絵入り教科書といわれる彼の『世界図絵』もまた、そうした時間の合理的使用のために考案された道具であったと理解することができよう。

このようにコメニウスの構想した学校は「教授学の機械」として解釈可能である。しかし、その際に忘れてはならない点がある。それは、コメニウス自身が自らの教授学を単に技術的なものとはとらえておらず、彼が教授・学習プロセスを時間経済的な合理性という基準に従わせる際には、形而上学的に基礎づけられた世界秩序の構想に基づいていたという点である。つまり、時間の効率的な使用が許されるのは、人がその短い人生と彼にゆだねられた短い時間のなかで世界と自己自身を改善するという課題が遂行できる場合に限られるのである（ノイマン、Neumann, K., 2005［2000］, pp. 135-137.）。

二節　時間の効率的使用とそのパラドックス

一　時間割の厳密化と目的

（一）時間割の普及と厳密化

学校における時間の合理的使用のために考案された道具のなかで、最も重要なのが時間割である。コメニウスの時代にはいまだ「自然」の秩序にしたがった大まかな時間区分であった時間割は、近代社会の進展とともにしだいに厳密になっていく。

フーコー（Foucault, M.）によれば、時間割は古来の一種の遺産であり、その起源は修道院に求めることができる。修道院では、一日に数回あるお祈りの時刻によって、生活の時間が区切られ、所定の仕事が強制され、サイクルとして反復された。学校は、多くの場合それを併設している修道院の生活態度と規則正しさを受け継いでいったという。ここでフーコーが強調するのは、人間の「活動の取締り」を行なうための道具としての時間割である。十九世紀になると、学校、工場、軍隊等において、時間の分割がますます精巧になり、「時間の精密な碁盤目状の配分」がもたらされる（Foucault, 1977 [1975], pp. 154-155.）。

先進諸国の学校において十九世紀前半に普及した時間割は、十九世紀後半に厳密化され規格化されていく。背後には、「時は金なり」を格言とする資本主義社会の進展があった（西本、2006）。表三―一は、十九―二十世紀転換期のドイツにおける代表的な時間割研究者であるシラー（Schiller, H.）が、その著書『時間割――教育心理学と教育生理学からの提言』（Schiller, 1897）のなかで提案したギムナジウム用の標準的時間割モデルの一つである。これは第三学年（クヴァルタ）の時間割モデルであり、午後に授業がある場合のものである。見てわかるとおり、一授業時限が画一的に一時間に設定されており、次から次へと科目が入れ替わっていく形式である。

小学校に通う子どもの数は、十九世紀後半に義務就学制度の拡充とともに飛躍的に増加した。小学校では大人数の子どもに対して能率的に授業を行なうために、時間割にもさまざまな工夫がなされた。宮本によれば、その際に大きな影響を与えたのが、クラスとグレイド（等級）の出現であった（宮本、

表 3-1　ギムナジウム第三学年の標準的時間割モデル（Schiller, 1897）

時間	月曜日	火曜日	水曜日	木曜日	金曜日	土曜日
8 - 9	宗教	宗教	外国語		算数	外国語
9 -10	外国語	ドイツ語	地理	地理	歴史	歴史
10-11	外国語		算数	外国語		算数
11-12	ドイツ語	外国語	図画	図画	自然	自然
2 - 3	算数	外国語		算数	外国語	
3 - 4	外国語	唱歌（アルト）		ドイツ語	ドイツ語	
4 - 5	コーラスの時間	体操		体操	唱歌（ソプラノ）	

2008, pp. 34-38.)。

増大する子ども数に対して教師が足りなかった十九世紀後半の小学校にあっては、一人の教師が複数のクラスの授業を行なうことは、ごく一般的であった。教師はクラス毎に各時間の学習内容を定め、一定の時間区分で各クラスを渡り歩きながら口頭で教授を行なった。教師が不在にしているクラスでは、子どもに自習が課された。このように、それぞれのクラスに対して口頭教授と自習の時間を効果的に組み合わせるためには、時間の分割が不可欠であった。クラス数が時間区分を決める重要な要素となったのである。

クラスを教科の内容の難易度によってグレイド（等級）づけすることは、アメリカの都市部では一八六〇年代までに一般的になっていた。子どもの年齢の違いではなく能力の違いによって、クラス分けがなされるのである。その際、各教科のグレイドとともに、各グレイドに割り当てられた授業時間数がセットになって、コース・オブ・スタディ（学習指導要領）に記載されることが多くなった。グレイドづけされた教科内容とそれに費やされるべき時間数が決まると、教師にはそれに従ってクラス毎の時間割を詳細に作成することが求められる。このようにグレイド毎のクラスができることによって、より詳細で厳密な時間割が成立した。その結果、子どもの学習の管理も容易になり、能率的な学校経営が可能となったのである。

この時期、学校の時計に関して、教師がもつ懐中時計（ウォッチ）よりも、学校の子ども全員が見ることのできる時計（クロック）が重視されるようになった。とりわけ当時開発されたばかりのプログラム・クロック（定刻になると自動的に音を出す）が、子どもにも教師にも学校の秩序を思い出させるものとして、推奨された（宮本、2008, p. 41）。

これまで確認してきたように、十九世紀を通して時間割がしだいに厳密になっていった。しかしなぜ時間割はこのように普及し厳密化していったのだろうか。ここで改めて時間割の目的について整理しておこう。

（二）時間割の目的

時間割は主たる目的を二つもっていた。まず第一の目的は、学習内容を子どもたちに体系的かつ効率的に伝達するためである。決められた学習内容を一週間ないし一日のなかにバランスよく配分し、それを子どもに無駄なく効果的に教えるための道具として時間割は発展してきた。これは時間割の最も優れたはたらきであるといえる。第二の目的は、時間を厳守することを子どもに教えるためである。時間割を通して、時間を厳守し時間どおりに動くことのできる人間を作り上げることが目指されたのである。時間割によって一定の授業時間を通して学習に専念することが求められたばかりでなく、学習の開始時刻と終了時刻を守ることが重視された。「どの時点であっても始める準備ができていなければならないのと同様、いつでも中断し、片づいていないことを放置することができねばならない」（キュンメル、Kümmel, F. 1992, p. 216）のである。時間の厳守は近代の資本主義社会の要請であるので、そうした社会を担っていく子どもを教育する学校において、時間厳守の習慣を身につけさせようとすることは、自然ななりゆきであった。

もっとも、子どもたちの側から時間割をみると、それはすんなりと順応できるものではない。子どもとは元来、「現在の存在」である。子どもは多くの時間を有し、時間を忘れて遊ぶことができ、そして、自分たちの日々を生き生きと充実したものとすることができる。それは、彼らがまだ過去に苦しめられたり、やたら心配の種となる未来に気をふさがれたりすることがないということを意味している。子どもは、どれほど活発であろうと、内面的にはゆったりと活動しており、まさにそれゆえに、彼らの日々は波乱に富み、充実したものなのである。こうした子どもたちにとって学校は、いともたやすく苦しみの場となる（Kümmel, 1992, pp. 220-221.）。

時間割は、この二つ以外にも目的をもつことがあった。たとえば、十九世紀末のイギリスおよびアメリカの小学校では、限られた校舎（教室）を効率的に使用するために時間割の編成が工夫されていた（杉尾、2004, pp. 49-52.）。また、時間割は子どもの管理だけでなく、気ままな授業を行なう教師を管理するための道具でもあった（宮本、2008, p. 41）。

二　十九―二十世紀転換期における時間割の科学化

（一）時間割の科学化

効果的に授業を行なうための重要な要素として、すでに十九世紀の半ばから、時間割の編成に対する配慮はなされていた。たとえばドイツでは、一日のなかで授業を割り振る際の留意点として次のことが指摘された。すなわち、子どもの関心や活動が分散しないように、内容に関連のある課題を並べるべきであるということ。上級学年では、作家の読み物など個々の対象をより深く学ぶことができるように二時間続きで授業を行なうのが望ましいということ。逆に低学年では、一つの活動を長時間行なうことは困難なので、授業に変化をつけることで元気を取り戻すことが大切であるということ。そして、学問的授業の間に技能に関わる授業（習字、図画、歌唱、体操）を挿入するのが効果的であるということ、などである（ヴェールマン、Wehrmann, 1865, SS. 182-185.）。これらは教師たちが日々の授業実践を積み重ねるなかで経験的に感じ取った事柄であった。

十九世紀末になると、時間割の科学化が始まる。ここでいう科学化とは、心理学等の学問的根拠に基づいて時間割が編成されるようになることである。「授業を心理学のうえに基礎づけようとし、それゆえ生理学と衛生学もおろそかにすることができない時代にあっては、（中略）時間割もまた心理学的、生理学的、衛生学的基礎のうえに打ち立てられねばならない」（Schiller, 1899, S. 930）。こうした時間割の科学化において大きな意味をもっていたのは、疲労研究である。子どもは何分間一つの課題に継続的に集中できるか、何分を超えると集中がとぎれ学習効率が下がるのか、といった実験が発達段階毎になされた。その結果、たとえば時間割の編成について、「精神的活動に変化をつけることで疲労が軽減し成果が上がるという伝統的な考えは、疲労研究によって拒否されることになる」（ヴィルフ、Wilff, J.J., 1915, S. 1326）。

（二）時間割のなかの休憩時間

疲労研究の成果は、時間割における休憩時間にも科学的な根拠を与えた。それにより、学習する時間ばかりでなく、学習しない時間もまた、時間割の重要な構成要素になった。この時期、休憩時間の必要性と留意点について、さかんに議論され、さまざまな試行がなされた。シュミット（Schmidt）

は『教育学事典』の第三巻のなかで、十九世紀後半から二十世紀初頭にかけてのドイツの授業時間と休憩時間の変化を、簡潔に次のように整理している（Schmidt, 1930）。

十九世紀後半のドイツにおける上級学校の一般的な授業時間は、午前は夏七時、冬八時始業で、四時間。午後は二時に再開し、二時間（水曜日と土曜日を除く）授業が行なわれていた。授業時間は五十分から六十分で、平均五十五分であった。休憩は一時限目のあと五分、二時限目のあと十五分の「大休憩」、三時限目の後十分、午後の五時限目のあと五分で、計三十五分。午前の授業と午後の授業の間の昼休みは、夏三時間、冬二時間であった。

二十世紀に入ると、休憩時間が次第に延長され、授業時間が短縮される。プロイセンでは、一九〇一年三月三十日の文部省令により、授業毎に平均十分の休憩時間をとることが定められ、授業時間は一コマ五十分とされた。一九〇八年十二月十二日の「高等女学校の新秩序」により、一、四時限目のあと十五分、二、三時間目のあと十分、計五十分の休憩時間がおかれ、授業時間は一コマ四十五分となった。一九二五年六月一日より、中間学校も一コマ四十五分の授業となり、休憩はたいてい十分、二十分、十分、十分となった。

三　厳密化のパラドックス

十九―二十世紀転換期における時間割の科学化にともなって、より厳密な時間割に従って授業を行なうことが、子どもにも教師にも要求されるようになる。しかし、そのことによって、学校の時間について少なくとも二つのパラドックスが生じることになった点は、看過できない。

第一のパラドックスは、人間が支配した時間によって人間が支配されるというパラドックスである。時間割によって時間を支配することができたが、それは同時に、支配した時間がもつリズムによる被支配をも意味していた。厳密な時間割によって時間の効率的使用を徹底した結果、学校のなかで学習する人間がそうした外的な時間に従属することになるというパラドックスである。これは、時間の効率的使用が追求され始めた近代初期には、意識されていなかった事態である。たとえばコメニウスのなかに、時間支配の体験を通しての時間統治能力の獲得という観点を明瞭に見て取ることができるが、人間が支配した時間によって人間が支配されるという事態までは、意識されていなかった（Neumann, 2005［2000］, p. 138）。

第二のパラドックスは、時間の効率的使用が時間の浪費につながるというパラドックスである。授業にとって本来重要なのは、子どもの学習対象への没入であり、時間の忘却である。ところが、時間の機械的な細分化や厳密化は、そうした学習対象への没入や時間の忘却を妨げる恐れがある。細切れの授業は、時間に気を取られた学習を生み出し、仮に学習に没頭している状態が生じてもそれを無理矢理中断させてしまうのである（Kümmel, 1992, pp. 217-218.）。また、課題を効率的にこなすこと自体が自己目的化し、課題に取り組む意味や目的が忘れ去られるという危険性がある。期限が切られ時間が不足している状況では、人間は行為をできるだけ早く済ませようとする。そこでは最も手近で時間のかからない解決策が選ばれる。それは時間を節約することになるが、そもそもなぜその行為を行なうのか、その行為が十全に成し遂げられるとはどういうことかといったことは、もはや考慮されない。「すべてをやり遂げたかに見えて、依然として本来すべきことに直面している」（Kümmel, 1992, pp. 216-217.）という意味で、時間の浪費である。

三節　新教育における時間割の弾力化

一　新教育の生起と特徴

学校教育の歴史において、時間割の編成に大きな変化が起こるのは、いわゆる「新教育」においてである。新教育とは、十九世紀末から二十世紀初頭に展開した国際的な教育改革の理論と実践の総称である。新教育が生起した背景として、一方では十九世紀末に整備された公教育体制における画一的で教師中心的な教育の拡大があり、他方で近代の最初の絶頂期における都市化、情報化、国際化等の進展にともなう新たな教育課題の出現があった。思想的起源としてよく持ち出されるのが、ルソー（Rousseau, J-J.）の消極教育論やペスタロッチー（Pestalozzi, J. H.）の生活陶冶論である。子どもの主体性や生活を重視したそうした教育思想が、近代社会の最初の絶頂期である十九―二十世紀転換期に改めて注目され、実践レベルで応用されたといえる。

新教育において、教師―子ども関係の組み替えが試みられた。その象徴的宣言を、デューイ（Dewey, J.）の『学校と社会』にみることができる。彼は「旧教育」においては、重力の中心が教師や教科書など、子どもたち以外にあったと断ずる。そこでは子どもの学習については多くが語られるが、子どもの生活についてはあまり問題にはならなかった。いまや教育に到来しつつある変革は、重力の中心の移動である。それはコペルニクスによって天体の中心が地球から太陽に移されたときと同様の変革である。子どもが太陽になり、その周囲を諸々のいとなみが回転するというのである（Dewey, 1957［1915］, pp. 44-45.）。

新教育の特徴を、レッター（Retter, H.）は旧教育との対比において、表三―二のようにまとめている。ここでは新教育と旧教育の違いが、前提、授業、生徒、教師、学校の五つの観点から端的に表現されている。ただし、旧教育と新教育が二項対立的なものでないことには、留意が必要である。たとえば旧教育は「教材・教師から」、新教育は「子どもから」と特徴づけられているが、新教育といえども、子どもは放任されていたわけではないし、子どもの完全な自由が認められていたわけでもない。子どもの自発的な活動を直接的、間接的に誘発し、方向づけるような教師からのはたらきかけは存在した。その意味では、新教育も旧教育も教師の教育的意図を前提にしていたといえよう（この教育的意図の強度については新教育の多様な実践の一つひとつで異なるため、個別的な検討が不可欠である）。

二　時間割の弾力化

デューイのいう教師―子ども関係のコペルニクス的転回を、時間の問題として考えるとどうなるだろうか。一言で表現すれば、時間に対する子どもの主体性の回復が試みられたといえるだろう。そのことを示す事例として、ここではオーデンヴァルト校の時間割をあげておきたい（渡邊、2008）。

オーデンヴァルト校はドイツを代表する田園教育舎系自由学校の一つで、一九一〇年にゲヘープ

表 3-2　旧教育と新教育の対比（Retter, 1998 より筆者作成）

	旧教育 （科学による方向づけ）	新教育 （子どもによる方向づけ）
前提	「教材・教師から」 科学（理論） 合理性・認知的次元の優位	「子どもから」 生活・全人格 感情および「非合理性」の尊重
授業	科学志向 各科目ごとの授業 伝統的な科目分類の基準	行為・体験を志向 教科横断的な学習 プロジェクト、自由活動
生徒	授業の客体として （他者による決定）	授業の主体として （自己による決定）
教師	訓練・学習過程の組織者として	教育的な「生活環境」の組織者として
学校	子どもの学習の場として	子どもの生活の場として

(Geheeb, P.) によって創設された。ドイツで最初の本格的な男女共学、教師と子どもの共同責任による学校運営などで知られる（渡邊、1995）。

表三―三はオーデンヴァルト校の時間割（日課表）である。同校では他の田園教育舎系自由学校と同様に、午前にドイツ語、数学、歴史といった知的学習、午後に園芸や家具製作といった種々の実際的活動が行なわれた。オーデンヴァルト校の時間割の特色は、授業が「早いコース」と「遅いコース」といったコースによって実施されている点である。この授業形態は、「コース組織」と呼ばれ、公立学校や他の田園教育舎系自由学校にみられない独自のものであった。初代教務主任のエアトマン（Erdmann, O.）のイニシアチヴによって開発され、一九一三年から導入された。

コース組織の理念、すなわち時間割編成の原理は、①限られた教科を一定期間継続的に学習すること、②学習対象（教科）は子ども自身が決定すること、の二点に集約することができる。子どもと教師がせかされる事態を問い直す本論にとって興味深いのは、①の継続的学習の保障である。午前の学問的コースについては、一日に約二時間の教科を二つ選択し、その二つを約四週間にわたって継続して学習した。たとえば、「早いコース」で歴史、「遅いコース」で英語を選択した子どもの場合、約四週間この二科目のみを毎日学習し続けることになっていた。結果として、教師はひとかたまりの学習内容を包括的かつ多面的に提示することができるとともに、子どももまた、少ない教材に従事しているとき、専心して純粋に対象に向かう態度を身につけることができ、よりよい成果を得ると考えられた。

こうした時間割が考案された背景には、当時の公立学校の時間割による細切れの授業への批判が

表3-3　オーデンヴァルト校の時間割［1914年夏期］
（Grunder, 1916より筆者作成）

5：45	起床　年長の少年の空気浴、年長の少女の散歩
6：30 － 7：00	復習時間
7：00	第一朝食
7：20	部屋整理
7：30 － 9：30	早いコース
9：45	第二朝食
10：15 － 12：30	遅いコース
12：30	全員自由時間　年長の少女の空気浴
1：30	昼食
3：20 － 5：20	午後のコース（土木作業、園芸、家具製作、紙細工等）
5：30 － 6：30	自由勉強
7：00	夕食
7：30 8：00 8：30	就寝

あった。表三―一でみたとおり、当時の時間割では、授業が碁盤目状に雑然と並べられ、次から次へと機械的に交代していく。そこでは、一週間に十科目あるいはそれ以上の教材が提供され、しかも各教材は一日おきもしくは数日おきにしか取り上げられない。そうした状態では子どもは十分興味を抱きながら学習することが困難であるという認識があった。

類似の授業時間編成として、一九一九年にシュタイナー（Steiner, R.）によって創設された自由ヴァルドルフ学校（通称、シュタイナー学校）における「エポック授業」がある。

三　期待と待機

オーデンヴァルト校は、新教育における時間割の弾力化の好個の事例である。ただし、同校では時間割そのものが否定されたわけではない。時間割の存在は認め、編成の仕方が変革されたのである。その目的を一言でいえば、時間に対する子どもの主体性の回復であった。外的な時計の時間に子どもの身体を適合させるのではなく、子どもが自発的に課題に取り組み、試行錯誤しながらも各自のリズムで学習対象に向かい合うのを容易にすることが目指されたのである。客観的時間を無視するのではなく、その枠組を柔軟にすることによって、客観的時間のなかで主観的時間を充実させるという課題が追求されたといえる。

時間割を弾力化することの効果の一つは、教師もまた時間に追われることなく、子どもの学習の深まりをじっくりと「待つ」ことができるようになる点である。学校における教師の態度として「待つ」ということを考えるとき、鷲田（2006）の所論は参考になる。彼は霜山（2000）の言葉を引用しながら、待つという行為を、「期待」としての待つと、「待機」としての待つの二つに区別している。期待とは「外見上の受動性にもかかわらず、緊張した強い内的能動性があり、かつ期待されていることの生起が身近に迫っていることが確信されており、明確なイメージが持たれていること」である（霜山、2000, p. 292）。つまり、期待としての待つは、いまの時点から、待った後の事態をあらかじめ思い描き、それが首尾よく実現するのを待つというような「待つ」である。それは未来を迎えに行くような「待つ」である。そこでは、いま目に入っていないものは、最後まで目に入らないことが多い。

それとは異なり、待機とは未来がどうなるかわからない状態での「待つ」である。「待機性とはもっと鷹揚な、ゆったりとした内的状態である。希望している事柄の生起は、確実に知られておらず、その事柄は漠然と遠い未来にある。したがってそのイメージは不明確である。したがってコンピュータのプリントアウトを待つような待つではなく、四季の運行を待つのにも似た、あるいは北国の雪の下で草木の芽がじっと春の来るのを待つような、自然への信頼感にも似たもので、時間に対して開かれている」（霜山、2000, p. 292）。何ごとかを期待して待つのではなく、期待することを放棄したうえで、それでもなお、ひたすらに待つという態勢が待機である（鷲田、2006, p. 84）。

旧教育における教師―子ども関係の基本型は、教師が期待し子どもが期待されるという関係であった。授業場面で教師が発問し子どもの「正しい」回答を待つというのは、期待の典型である。教師は、一定の知識や技能を修得した子どもの姿を目標として設定し、その目標に向かって子どもに教育作用を及ぼしてきたのである。そこでは効率的に目標が達成されることが是とされ、厳密な時間割はそのための道具であった。

新教育において期待が姿を消したわけではけっしてない。その意味で、目的意識的な教育作用が否定されたわけではない。しかし、オーデンヴァルト校のような実践では、期待とは別に、子どもが自発的に課題に取り組み、時に立ち止まったり寄り道をしながらも各自のリズムで学習対象に向かい合うのを見守るという待ち方、つまり待機の重要性も認識されていた。そこでは、教師の教育的意図を超えた結果も許容するような教育が行なわれていたといえよう。

おわりに

本章では、教師と子どものコミュニケーションを外部から規定している時間について、近代学校における時間割の歴史的展開をたどりながら検討してきた。そこから明らかになったのは、無限の世界の豊かさを限られた時間内に子どもに伝えることを課題とする近代の学校にとっては、時間を効率的に使用することがきわめて重要な存立条件だったという点である。時間の効率的使用という要請、つまり一定の時間内により多くの知識・技能を伝えるという要請は、子どもを多忙にし、また教師を多忙にしてきた。その意味では、近代の学校教育は恒常的な忙しさのなかで営まれてきたともいえる。子どもがせかされ教師がせかされるのは、けっして単なる近年の傾向ではなく、近代学校の本質的な特質なのである。

そうした時間の効率的使用にとって重要な意味をもっていたのが時間割であった。十九世紀後半には、「時は金なり」を主張する資本主義社会の拡大とともに、時間割はますます詳細で厳密なものになっていった。しかし、時間割の厳密化は、二つのパラドキシカルな問題を招いた。すなわち、支配した時間によって人間が支配されるという問題と、時間の効率的使用が時間の浪費につながるという問題である。新教育における時間割の改革は、こうした問題への対応であったといえる。そこでは時間に対する子どもの主体性の回復が目指された。教師は、弾力化された時間割のなかで、子どもが自発的に課題に取り組み、各自のリズムで学習対象と向かい合うのを「待機」することを覚えたのである。

ただし、最後に付言すれば、新教育実践の舞台はその多くが、一般の公立学校制度から離れた私立学校や附属学校であった。そこでは公的に定められた教育課程（カリキュラム）に規制されることなく、教えるべき知識・技能をある程度自由に決定できた。それゆえに、時間にせかされることなく、子どもの学習リズムを尊重することができたのである。そうした特殊な事情があるとはいえ、新教育における時間割の弾力化の試みには、今日なお時計の時間に追われるような学習が支配的な日本の学校教育にとって、参考にすべき点が含まれているように思われる。

引用・参考文献

Attali, J. 1982 *Histores du temps.* Paris: Fayard. 蔵持不三也（訳）1986 時間の歴史 原書房

Comenius, J. A. 1657 *Didactica magna. Opera didactica omnia. Editio anni 1657 lucis ope expressa. Tom. I-III.* Sumptibus Academiae Scientiarum Bohemoslovenicae Pragae in aedibus Academiae Scientiarum Bohemoslovenicae. 1957 鈴木秀勇（訳）1962 大教授学1 明治図書

Dewey, J. 1915 *The school and society.* revised edition. Cicago: The University of Cicago Press. 宮原誠一（訳）1957

学校と社会　岩波書店

Foucault, M.　1975　*Surveiller et punir: Naissance de la prison*. Paris: Gallimard.　田村はじめ（訳）　1977　監獄の誕生――監視と処罰　新潮社

Grunder, F.　1916　*Landerziehungsheime und Freie Schulgemeinde: Aus vieljähriger Praxis in Deutschland, England, Frankreich und der Schweiz*. Leipzig: Julius Klinkhardt.

Kümmel, F.　1992　*Die Zeit des Unterrichts*.　中戸義雄　他（訳）　1992　授業のなかの時間　森田　孝他（編）　人間形成の哲学　大阪書籍　pp. 207-236.

宮本健市郎（研究代表者）　2004　近代学校における授業時間割の実態と編成原理に関する比較史的研究　平成十三年度～平成十五年度科学研究費補助金（基盤研究（C）（2））研究成果報告書

宮本健市郎（研究代表者）　2008　新教育運動期における授業時間割の改革と編成原理に関する比較社会史的研究　平成十七年度～平成十九年度科学研究費補助金（基盤研究（C））研究成果報告書

西本郁子　2006　時間意識の近代――「時は金なり」の社会史　法政大学出版局

Neumann, K.　2000　*Schule kann das Warten nicht lernen: Schule, Zeit und Bildung*.　渡邊隆信（訳）　2005　学校は待つことをおぼえない――学校、時間、人間形成　大学教育の改革と教育学　東信堂　pp. 129-149.

小野泰博　1983　時計の比喩――機械的自然観とキリスト教　UP第131号

Retter, H.　1998　*Reformpädagogische Impulse zur Entwicklung der Schule in Deutschland nach der Wiedervereinigung*.　山名　淳（訳）1998　統一ドイツの学校に対する改革教育の影響　（広島大学講演資料）

Rossum, G. D-v.　1992　*Geschichte der Stunde: Uhren und moderne Zeitordnung*. München: Carl Hanser Verlag.　藤田幸一郎他（訳）　1999　時間の歴史――近代の時間秩序の誕生　大月書店

Schiller, H.　1897　*Der Stundenplan: Ein Kapitel aus der Pädagogischen Psychologie und Physiologie*. Berlin: Reuther & Reichard.

Schiller, H.　1899　Stundenplan.（Lektionsplan）In W. Rein（Hg.）, *Enzyklopädisches Handbuch der Pädagogik*, Band 6. Langensalza: Hermann Beyer & Söhne. SS. 930-934.

Schmidt　1930　Kurzstunden und Pausen. In H. Schwartz（Hg.）, *Pädagogisches Lexikon*, Band 3. Bielefeld/Leipzig: Velhagen & Klasing. SS. 193-199.

霜山徳爾　2000　多愁多恨亦悠悠　学樹書院

杉尾　宏　2004　19世紀後半におけるイギリスの初歩学校の時間割――「枠組み」としての時空間から「資源／規則」としての時空間へ　宮本健市郎（研究代表者）近代学校における授業時間割の実態と編成原理に関する比較史的研究、49-61.

鷲田清一　2006　「待つ」ということ　角川書店

渡邊隆信　1995　オーデンヴァルト校におけるP・ゲヘープの教育実践――〈学校共同体〉を中心として　日本の教育史学　第38集、269-286.

渡邊隆信　2008　ドイツ新教育における授業時間割の創造――オーデンヴァルト校の「コース組織」を中心に　宮本健市郎（研究代表者）　新教育運動期における授業時間割の改革と編成原理に関する比較社会史的研究、95-110.

Wehrmann 1865 Lectionsplan. In K. A. Schmid, (Hg.), *Enzyklopädie des gesammten Erziehungs-und Unterrichtswesens,* Band 4. Gotha: Rudolf Besser. SS. 180-185.

Wilff, J. J. 1915 Stundenplan. In E. M. Rolff, (Hg.), *Lexikon der Pädagogik,* Band 4. Freiburg: Herdersche Verlagshandlung. SS. 1322-1327.

コラム

森のような教師

一九二四（大正十三）年、東京の池袋に児童の村小学校という私立学校が誕生しました。日本の新教育を代表する学校の一つで、後に「大正期新教育のいわばクライマックス」（梅根悟）と呼ばれました。同校には新しい時代の教育を模索しようと、全国から情熱的な教師が集まりました。岐阜から来た野村芳兵衛もその一人です。彼は開校当初から中心的な教師として同校を牽引しました。

　池袋児童の村小学校が誕生した一九二〇年代半ばには、日本でも新教育は大きな広がりをみせていました。この時期、子どもたちが体験的で問題解決的な学習を行なうことができるように、実験室、図書館、プールなどが普及していきました。そこでは、子どもの自発的な学習を誘発するような多様な学習環境を準備することが重視されました。しかし、表面的な子どもの活発さばかりを追い求める実践も少なくありませんでした。野村はそうした実践を意識しながら次のように述べています。

「環境の多様と言ふことは、文字通りに、デパートメントストアの中に、子供を立たせることであってはならない。デパートメントストアの中では、子供の欲求は限りなく、そゝられる。子供の神経はいらいらと動く。でも一つとして、子供の魂を動かすやうな偉力は、そこには存在しない。騒がしい学習は子供の自然とは言ひながら、その騒がしさを吸ひこんで、永遠の静けさをほのめかす、あの森の静けさが恵まれなくては、子供の魂は育ちはしない。（中略）環境多様、それは静かな森に、子供を置くことである。森はしんとしてゐる。そこには静けさの外には何もないように見える。然し、子供が一つの玩具を造りたいと思へば手頃な一枝を求めることが出来る。聞かうとすれば小鳥も鳴いてゐる。子供たちが、どんなに騒いでも、それは一そう森の静けさと、魂の存在とを思はせてくれこそすれ、森の中の子供は神経衰弱とはならない。願わくは私は教師として、デパートメントストアの経営者でありたくない。出来ないまでも、森のような教師でありたい」（『野村芳兵衛著作集2』黎明書房　1973, pp. 19-20.）。

　野村は教育において、子ども一人ひとりが自分の目でものを見、味わい、実感でものを考えることが何よりも大切だと考えていました。そのためには、子どもをせかさずに気長に育てて行くことが必要だと認識していました。森のような教師、それは子どもが自分のリズムで学習対象に向かい合うのを「待つ」（待機する）ことのできる教師であったといえるでしょう。

四章　教室という場におけるコミュニケーション

宮元博章

はじめに

圧力、温度、容量、湿度といった可変的な要素を厳密にコントロールした状況下では、有機体は勝手気ままに振る舞う（ハーバードの法則――ブロック、Bloch, A.『マーフィーの法則』1993［1991］, p. 103より）。

これは生物学者の半ば自虐的なつぶやきといった句であろうが、教室という場を考察するうえでも考えさせられる言葉である。

先日、筆者は授業で学生たちに、学校教育についていま関心をもっていることを尋ねた。するとある学生が「近頃、勝手に教室を歩き回ったり、授業中に大声で話したりする子どもがいるというが、なぜだろう」という問題をあげた。それに対して筆者は逆に「なぜ多くの子どもたちは授業中に勝手に歩き回ったり、大声で話したりしないのだろう」と問い返した。仮にそれまで学校というものをまったく知らない子どもたちを、机や椅子、教科書や興味深い学習機器や教材を配置しておいた教室に招き入れたとしよう。そこで何も組織的なはたらきかけをせず、教師も存在しない状態で放置したとしたらどうだろう。子どもたちは自由にふるまい、教室を出たり、本や機器を道具に遊び始めたりするかもしれないが、自発的に共同で継続的な「学習」を始めるとは考えにくい。子どもは元来気まぐれなものであり、また気まぐれさのなかにこそ発達の契機も秘められている（氏家、1996）。

もちろん、学校、そして教室は実験室ではない。そこには文脈状況という枠組があり、人によるはたらきかけがある。子どもたちが学校に参入する時点で、学校というシステムおよびその要素である児童や教師や事物はすでに存在して、ある秩序のもとに一定のパターンで作動している。教師は教室をアレンジし、学級のルールを作り、学級の子どもたちを統制しようとする。また、秩序と安定のある学級をよいものとみなす。子どもたちが気ままにふるまい、勝手にコミュニケーションをとり出す事態は教師にとって（また学校や社会にとっても）脅威となる問題であるが、その一方で子どもたちが学習や遊びに主体的に活動し、教師—子ども間、子ども—子ども間で活気のあるコミュニケーションが生じることも教師は望んでいる。教師の抱える問題の多くは、こうした教室でのコミュニケーションのあり方に含まれる矛盾に関連するのではないだろうか。

本章では、教室で行なわれるコミュニケーションの具体的な中身と意味について検討するための基盤として、自らも教室のダイナミズムの渦中にある教師の視点を中心に、教室という場を省察し、実践の変革を志向していくための一つの視座を提供したい。

一節　「教室」という場を俯瞰する

一　教室とそこに存在する人

ここでいう「教室」は必ずしも壁と窓に囲われた物理的空間を拠点として展開する学級組織に限定される必要はないが、意図的・組織的な教育が行なわれる場合、そこには通常なんらかの物理的、制度的に仕切られた「空間」が存在し、少なくとも主として教える側の人、主として教えられる側の人が存在し、教育活動を支援するためにデザインされた種々の人工物が配置されている。このような認識のうえで、ここでは主として現代日本の初等・中等学校の一般的な教室、もしくは学級を想定して話を進めよう。

教室には通常一人の教師と三、四十人の子どもたちがいる。そこで展開される個別具体的なコミュニケーションが問題なのだが、単にそれを眺めても、その場で行なわれていることの「意味」を十分に理解できるわけではない。どのような小さなやりとり＝コミュニケーション(たとえば、教師が問いを発し、それに対して児童数人が挙手をし、教師がミキを指名し、ミキが答える)であれ、そのやりとりは「いまここ」の教室の個人群だけで成立しているものではない。そこには教室を取り囲む、多層的な社会・文化的文脈、そして現在に至るまでの歴史的経緯が反映されている。さらに、教室での実践のありようは過去からの来歴の反映だけではない。そこには常に大人によって仮想される「将来」も先取りされるかたちで取り込まれている。そのような環境はそこで行なわれる教育実践を方向づけ、促進するものであると同時に「他の実践のありよう」を閉ざす制約条件ともなる。個々人の側からみれば、子どもたち一人ひとりはさまざまな認識、感情、意思をもって主体的、能動的に「いまここ」を生きているのだが、より俯瞰的な視野で眺めれば、自分でも気づかないところで環境・状況の影響や制約を受けつつ、受動的に自己調整行動をしている様もみえてくる。

二　生態学的アプローチ

発達心理学者ブロンフェンブレンナー（Bronfenbrenner, U., 1996［1979］）の提唱する生態学的アプローチは教室を多元的にみるための有用な視座を与えてくれる。

たとえば、発達しつつある人、小学五年生のケンタを中心において考えてみよう。ケンタが直接参与し、他者と直接・間接に相互作用する場（ヒト・モノ・コトからなる場）をミクロシステムと呼ぶ。具体的には学級はミクロシステムである。さらに班活動が行なわれる場合は班をよりミクロなシステムとみることもできる。ところでケンタがそのなかに直接参与し行為する場（システム）は学級のみではない。学校内にもクラブ活動というメンバー的にも制度的にも教室とは質を異にする場もある。学校外では家庭もミクロシステムの一つであるし、塾や、休日に彼が参加している地域の伝統芸能サークルもまたそうである。つまりケンタは複数のミクロシステムに多重的に参与し、常にその間を往来している。これらの複数のミクロシステムを包摂し、ミクロシステム同士の関係性をより上位のシステムとしてとらえる場合、その位相をメゾシステムと呼ぶ。

次に、ケンタは直接参与していないが、ケンタに関わる人や事物が関わっている場もある。たとえば、父や母（両親もまた発達しつつある人である）の職場でのあり方は、ケンタの生活や学習のあり方になんらかの影響を及ぼすだろう。また、やはり発達しつつある人である担任教員のタナカ先生は、その教室の担任であるだけでなく、その学校の教員集団の一員でもあり、さらにいえば地方自治体の教員集団の一員でもある。タナカ先生は地域内に居を構え、家庭内では同じく小学生の子どもをもつ父親である。ケンタはタナカ先生との関わりを通して、タナカ先生の関わるミクロシステムからメゾシステムまでの影響をも受けることになる（逆に、ケンタら児童の教室でのふるまいが、たとえばタナカ先生の家庭での子どもとの関わりに影響を与える可能性もあろう）。また事物についていえば、ケンタが使っている教科書はどこで作られたものだろうか。直接的にはある出版社だが、そこには執筆者、編集者、諸資料、学会、文科省、マスメディア等を含んだシステムが存在し、教育委員会が教科書採択に関わっている。こうした、本人は直接に参与していない間接的な関わりをもつ場も包摂するような位相でとらえたシステムをエクソシステムと呼ぶ。さらにエクソシステムをも包摂するより大きな文化的、制度的、イデオロギー的な共通基盤をもつシステムをマクロシステムと呼ぶ。国や自治体、あるいは広範な「文化圏」と呼ばれる位相がこれに当たる。

もちろん、こうしたミクロ—マクロといった層はあくまで相対的なものであり固定的な区分ではない。どこに焦点を当てるかによって見え方は変わってくる。先に教室をミクロシステムとして括ったが、教室もけっして一様な場ではなく、そのなかに大小さまざまな集団があり、うごめき合っている。また構成素としての「人」自体もさまざまな構成素からなるシステムが複雑に構造化されたマクロシステムとみなすことができる。このようにシステムは多様なサブシステムが互いに取り囲み、埋め込まれるような入れ子構造をなしている。

三　場とシステム

人を取り巻く環境・状況を同心円的な多層システムととらえる見方は、ともすると切り株のように

「現在」で輪切りにされた構造にのみ注意が向けられがちになる。しかし、実際にはシステムには時間的変化という重要な次元がある。たとえば教室一つをとっても四月に学級が開かれてから徐々に環境が整備され、学級独自の決まり事や慣習、人間関係の布置が形作られ（また壊れ）、偶発的な出来事が生じ、それらが複合的に絡み合いながら教室の雰囲気といったものを含む「教室文化」が生成される。しかしそれは四月にゼロから作られたものではない。教室の成員である子どもたちの相互関係性は部分的にはそれまでの年月で築かれてきたものであろうし、担任教師の学級経営のあり方はその教師の教育観やこれまでの教職人生のなかで身につけてきた流儀に加え、この学校がそれまで地域社会のなかで歴史的に培ってきた伝統＝校風、現校長の人柄や運営方針、他の教師や学級からの直接・間接の影響等を受け、その間の調整過程で方向づけられたものであろう。またそれらの学校文化や教師個人の教育観、学級経営のあり方は、より大きな視野でみれば、わが国の教育文化の歴史的変遷と今日の教育制度や思潮、国の政治的、経済的、科学技術的状況のうえに成り立ったものである。

一つの教室の構成員一人ひとりがこうした多層的、複合的、流動的なシステムを生きている。言い換えれば、多様な歴史的・社会文化的な背景を背負った個人が教室という場で出会い、それなりの居所を探りながら共存し、響き合っている。そう考えると一つの教室を成り立たせている諸要素とその関係性、その背景文脈を記述しきることなど不可能といえよう。むろん教師はその場に関わるすべての文脈を正確に認識していなければ教育実践が行なえないわけではないし、仮に認識し得たとしても、それで適切なコミュニケーションがとれるとはかぎらない。しかしここで重要なのは、すべてを見切ることはできなくとも、教師と子ども、子どもと子どものどのような小さな相互行為も、多層的な文脈状況に取り囲まれ、あるいは埋め込まれ、その関係性の布置と来歴を反映したものであり、また状況は常に変化のなかにあるのだという認識を教師がもっているか否かである。そして可能なかぎり、教育実践の瞬間瞬間に、また事後のふり返りのなかで、自在に視点を移しながら、教室の「いまここ」を、それを取り囲む多層的な時間空間軸のなかでとらえ、そこで生じていることの意味を再構成しようと試みる、その姿勢であろう。この点については三節で再び取り上げたい。

ところでここまで「場」と「システム」という言葉をほぼ互換可能なかたちで用いてきた。それはどういうことだろうか。システム理論に関する解説をここで詳述することは避けるが（たとえば河本、1995／クニール&ナセヒ、Kneer, G., & Nassehi, A., 1995［1993］等を参照）、システムとは一般に複数の要素が有機的に関係し合う組織体を指す。要素はある種の構造的な布置関係を作っている。システム内の要素間で、ある固有のパターンで相互作用が生じ、システム全体としてのある結果が産出され、他のシステム（環境）との間で相互作用が生じる。各要素の作動はシステムの構造や仕組みに規定される一方で、規則に還元されない「ゆらぎ」を含む要素間の作動＝相互作用の産出結果が再帰的にシステム自身の構造や作動様式を形成し、また変容させる。こうして、組織体としてはある程度の安定した作動が保たれながらも、一方でダイナミックな変化も生じる。システムが展開する広がりをここで「場」と表現する。場は固定的な物理空間である必然はない。また、たとえば同じ教室という空間でも授業時間と休み時間では「場」は異なる。教育は人々が場所や事物を共有し、それらを媒介としながら、なにがしかの意味を伝え、意味を創出しつつ、人々の変容を促す社会的なシステムである。そして、システムに関与する「人」や「物」や「事」の関わりの総体をここでは「状況」とか

「文脈」と表現している。

具体的な場面を考えてみよう。教師たちはよく「教室は生き物である」という表現を使う。また「たとえ同じ内容の授業でも毎回違う」と。その例証となる記録がある。秋田ら（2004）はある私立中学校の第一学年の四月の同じ日に、同じ教師によって行なわれた二つの学級の社会科の第一回目の授業を記録し、教師が同じ事項を教えている場面を比較している。この学校では入学時には入試成績で均質に組分けされており、二学級の生徒たちの初期の学力分布に大差はないと考えられる。

この二学級の一方のZ組では、教師と生徒による教室談話（後述）は相対的に冗漫で、事項に関連する教師と生徒の掛け合いや脱線、笑いも起こっているのに対し、もう一方のY組では相対的に教師が一方的に簡潔に事項を伝えるような授業になっている。この差違と関連する要因の一つは、教師の学級全体への問いかけに対する生徒の応答の違いである。Z組では教師の問いかけに機敏に応答する生徒がみられた。その応答は必ずしも適切な答えばかりではない（その結果笑いが起こる）が、そうした応答をする生徒が少数でもいるか否かで教師の話し方も中身も変わってくる。Z組ではやりとりのなかで、教師は生徒の発言を取り込みながら、自然に補足的な説明をしている。逆にY組では教師の問いかけに対する応答が少ないため話は発展せず、教師が自ら答えを述べながら進む。その結果、淡々と事項のみが伝達されることになる。

学習事項の伝達という面でみれば、初期の両学級での違いはおそらくわずかだっただろう。しかし、そのわずかな違いが時とともに増幅される。それはやがて、学習場面のみならず、おそらく他の活動場面をも含む教室の雰囲気の違いとして教師や生徒達の間に立ち現れてきたことだろう。他教科の教員も含めて学級差を認識するようになると、それに応じて教師の授業時のふるまいも変わってくるであろう（一方で、各教科の担任たちは学習到達面での学級間の差違を縮めようとする方向へも動くだろうが）し、生徒の側でも自分たちの学級の「空気」が授業中の発言や活動をガイドするようになってくるだろう。そうした循環を経た結果だろうが、秋田らの調査では中間試験や期末試験において教科全般に渡って、Z組の方がY組よりも成績の分布が高いという現象が現れていた。もちろん原因をそこだけに求めることはできないのであるが。

教室の「空気」は必ずしも一定固有の実体ではない。同じ学級の児童生徒の学習態度が教科によって、教師によってがらっと変わることも珍しくない。また、何かの偶発的な出来事が契機となって教室の空気が良くも悪しくも一変することも教師はしばしば経験する。何がきっかけでどのように変化が生じるかは事後的に、物語的に了解されることはあっても、必ずしも事前に、もしくは同時進行的に認識できるとはかぎらない。

蘭・高橋によれば「ベテラン教師は教室に『何か』が起こるのを待っている」（蘭・高橋、2008, p. 12）のだという。それはとくに学級システムがある望ましくない状態で安定、膠着してしまっているような場合である。教師にしてみれば、良し悪しはともかく教室の関係性になんらかの変化（ゆらぎ）が生じれば、その変化を手がかりに、何か打つ手を試すことができる。たしかにベテラン教師は新任教師よりも行為のレパートリーは豊富にもっているかもしれない。しかし、教師が実際に教室でやっていることの本質は単発の行為ではなく、問題を見い出し、試行し、変化を観察し、問題のとらえ方を修正（再定義）し、再び試行するという連続的な調整過程にほかならない。この場合の「試行」は教師の能動的なはたらきかけや指示、指導のかたちをとることもあるだろうし、教室の環境条件や授業の状況設定を変更したうえで、子どもたち自身に託して変化を待つといったかたちをとることもあるだろう。

二節　教室の文化

一　教室談話

教室でのダイナミックなコミュニケーションの展開とその意味を探る研究領域として、近年、教室談話研究が盛んに行なわれている。ここでいう「談話」は主として話し言葉を指すが、それだけでなく身体動作や視線、表情、笑い、沈黙、リズムといった要素も含むし、誰が誰に向けて発言したか(発言し得るか)、誰の言葉をさえぎったか(さえぎり得るか)といった人間関係や、言葉の生成される状況、文脈もセットにして分析がなされる。

藤江(2002, pp. 160-161.)は、教室談話という切り口で教育実践をみる目的として、一つには教室の「『いま』『ここ』で生成される言語的相互作用によって成立する授業のありようを明らかにすること」、そしてもう一つには「個別の学級や授業を超えて学校教育ならではの談話の構成がみられることを示し、『教師―生徒』という社会的関係や、学校や教室に特有の秩序や特殊な文化の存在を明らかにすること」をあげている。つまり、よりミクロな方向からと、よりマクロな方向からの両面的なアプローチが行なわれる。さらに教室談話には「制度」「ローカルな文化」「個人の行為」という三つの次元があるとも述べている。ここでいう制度とは必ずしも明文化された規則とはかぎらないが広く学校に共通な約束事を指す。制度はもちろんよりマクロ的な次元に相当し、ローカルな文化や個人の行為というのはよりミクロな次元に相当するものだろうが、それは別個に存在しているわけではなく、教室で行なわれている一つひとつのコミュニケーションに集約されるのである。

たとえば「学校や教室に特有な文化」としてメーハン（Mehan, H., 1979）はI－R－Eという教師と児童・生徒の談話パターンの存在をあげた。I－R－Eはそれぞれ教師による始発（Initiation－一般に発問や指示）－生徒による応答（Reply）－教師による評価（Evaluation）という連続であるが、教室での教師による「発問」は、日常生活での質問とは異なり、多くの場合、問う側にあらかじめ答え（少なくとも答えのあるべき方向）が用意されている。それゆえ、子どもの応答に対してそれを評価する。もっともこの場合の「評価」には単に正否のように直接評定を下すものばかりでなく、子どもの応答を繰り返したり、再考を促したり、ヒントを与えたり、問いを変えたり、他の子を当てたり等の多彩なバリエーションが含まれよう。先に秋田らがあげた社会科の授業の例では、教師の教室全体への問いかけに対して、逸脱的なものを含む自由な応答があった学級と、必要最小限の応答しかなかった学級があった。教師の問いかけに対して子どもからの応答が乏しい場合には授業展開が停滞することを考えれば、この談話パターンは教育において一定の効力をもつツール（あるいは教室の資源）の一つであるといえる。ただし、型にはまった一通りの談話パターンしかない教室では活気が失われてしまうであろうことは目に見えている。

茂呂（1996, 1997）は、山形県のある小学校で採取した教室談話を例に、教室の参加構造の変化

（公式的発言と集団的な自由発話）と教師と子どもの共通語／方言使用の切り替えとが見事に対応していることを示した。小学四年の社会科の授業で、冬のくらしがテーマである。

まず教師は「雪との戦い」について共通語で教室全体に問いかける。この局面では、たとえばある児童が方言でした発言を、教師が共通語で言い換えて復唱するといった事象がみられたりする（おもしろいことにその子は次の発言で方言で言いかけたのを途中で自ら共通語に言い直している）。ところが、児童たちから必ずしも教師の期待する方向の答えが出てこなかった（降雪の労苦ではなく、雪が降ると楽しいといった発言が続いた）ためか、教師はいったん子どもたちに集団で自由に話し合わせ、そこから子どもたち自身の生活に根ざした経験を拾い上げようと試みる。その際、どの程度意図的であったかは不明だが、ある子どもの方言での発言を今度は方言として復唱する（ここで子どもたちの笑いが起こるが、これは子どもたちがそこに「ルール」からの逸脱を見取ったからである）。これを機に、子どもたちは教室のあちこちで口々に素の言葉で発話をつなげていく。ここでは児童が主体となり、教師は聞き役になるが、この局面では教師は主に方言を使用している。そしてある程度意見が出た段階で教師は自由発話を中断し、また共通語に戻る。ここでは教師は挙手を求め、ある児童を指名し、通常の教師主導のI―R―E的な談話形式により、雪のつらさを確認したうえで、次の展開（教科書の参照）へと進めている。

ここでの、教師の共通語や方言の使い分けのパターンは、ある程度はこの教師個人のスタイルに拠るものだろう。同じ地方の小学校でも授業中に共通語しか使わない教師もいれば、ほとんどが方言という教師もいるであろう。とすれば、教師がどの程度意識していたかは別として、こうした教室の共通語／方言の切り替えによる授業展開の局面ならびに質の転換は、この教室のローカル文化の一つとみることもできる。しかし、その一方で、この教師がいわゆるフォーマルな、教師―生徒という制度的な役割関係のはっきりした授業局面では共通語を用い、逆にインフォーマルな、子どもたち同士が生活のなかの事例を自由に語り合ってよい局面では方言を用いたという使い分けには、この教室を超えたもの、すなわち、（非形式的、具象的、文脈依存的な）生活言語から、（形式的・抽象的・脱文脈的な）学校言語の習得へと向かう近代学校の全般的なあり方や、とりわけ明治以後の日本の教育における方言の抑止とその反省としての方言の復権といった、よりマクロな歴史的背景を読み取ることもできよう。実践の細部に大きな歴史の流れが宿っているのである。

二　教室の文脈をよりマクロ的な視点からとらえる

先にも述べたように教室談話の研究には、よりミクロな場での個人間のやりとりの背後に、より大きな学校文化の存在を見て取ろうとする志向性をもつものもある。それはもともとエスノメソドロジーと呼ばれる社会学の理論かつ方法論による研究分野が担ってきた。そのなかで提唱された概念に「隠れたカリキュラム」と呼ばれるものがある。

それは学校のいわゆる「あたりまえ」の制度・慣習のなかに潜んでいる。あたりまえのことはほとんどの人から問い直されず、決まり事として繰り返し行なわれ、行なわれることによって個々人の認識、そして社会の認識に定着し、再生産されていく。たとえば教師が「これからテストをします」と告げると児童・生徒は指示がなくても教科書やノートをしまう。テストでは何も見ないでやるのがあたりまえのルールだからそれに従うのである。逆にいえば、何かを見ながらやってはテストにならないという認識がすでに子どもの（そして大人の）間にしっかり共有されている。同様にテストでは他人の答案を見てはならないし、二人以上で相談してもいけない。紙と鉛筆以外の道具に頼らずに一人で問題を解かなければならない。そして氏名を記すことでテストの成績は「個人」の点として評価される（苅谷、1998）。これらはすべて疑う余地がないほどに浸透している。そしてこの実践が説明もなく繰り返されることによって、人々の間にある種の「知識観」「学力観」といったものが形成される。たとえば、何も参照せずにやるということから、学校で期待されている「学力」は主として記憶力であるという意味を子どもたちは読み取るであろう（しばしば無意識のうちに）。また他者と相談せず独力で解き、評価が数値化されることからは知識を個人内部に実在するモノととらえる考え方を読み取るかもしれない。石黒の表現を借りるなら、こうした伝統的なテストのやり方は「個人が道具などの外的補助資源を用いずに、頭のなかで純粋にシンボル操作をすることによって汎用的な知識を学ぶこと」（石黒、1998, p. 109）を学習とする学習観を体現したものといえよう。たとえ学習の過程で具体的・現実的な生活事象との関わりを経験させたり、話し合いによる問題解決といった方法を取り入れたとしても、最終的な成績評価をこうしたテスト形式で行ない続けるのであれば、子どもたちは最終的には前述のような学習観を身につけていくことになるだろう。

もちろんマクロ的なシステムのありようが、教室や個々人のありようを直接的、かつ一義的に規定するわけではない。序章でも述べているように、人の自己言及的・自己産出的な心的システムとしての面も忘れてはならない。個々人は一定の枠内にあっても、というより一定の枠内にあるからこそ自律的にふるまえるし、約束ごとの裏をかく行為や逸脱的な行為もなし得る自由を併せもつ。また、「個人の行為」の変化の連鎖によって、少なくとも手の届く範囲のローカル文化を変容させていくことも可能であろう。次節では教室という場で教師がなし得ることを中心に考えていこう。

三節　実践を省察する――授業を語り合う

一　省察的実践家としての教師

本節では、教室での教育的なコミュニケーション過程を、教師自身の視点から語ることでふり返りつつ、他者との対話による気づきを通して実践者としての自らを変革していく授業リフレクションという試みについて紹介したい。ここではそうした試みが生み出されてきた背景となっている「専門職としての教師像」について簡潔に述べておきたい。

従来、専門家とは科学的研究の成果として産出された理論的知識や技術を習得し、それを個別の状況に適用していく者とみなされてきた。この考え方に従えば教師は教科内容に関する確かな知識をもち、教授法や子どもの心身の発達についての豊かな知識と技術のレパートリーをもっていれば優れた教育が行なえるはずである。しかしながら、現実に多くの専門家たちが行なっていることは、必ずしもそのような単純な話ではない。個々人の多様な価値観が許容され、複雑で流動的な状況が前提とされる今日の世界で利用者の多様なニーズに応えていくためには、専門家はあらかじめ一定の「答え」を定めず、常に状況や相手と対話しながら行為し、行為による変化を新たな情報として柔軟にプランを変更しつつ、大枠の目標に向かって事を進めていく力量が求められるとみなされるようになった。このような専門家像をショーン（Schön, D. A., 2007［1983］）は省察的実践家と呼んだ。この考え方は現在、多くの専門職の思考や意思決定過程、そして職能成長のための教育を考えるうえでの理論的基盤として、とりわけ人間関係のうえでことを進めていく職業において広く受け入れられてきている。もちろん、教員もまた省察的実践家であることが求められる職業である。

ここで省察的（reflective）というのは、事において、ふり返って考えながら行為する姿勢と技能がその中核にあるということを意味する。ショーンによればその場合の省察には二つのタイプがある。一つは事後的に、状況と自己の行為とその帰結の関係をふり返り、失敗の原因や自己の欠点を探り、次の実践に向けて改善を試みるための省察（reflection *on* action）であり、これは従来誰もが行なってきた「反省」に近いものである。そしてもう一つは事中における「行為の中での省察（reflection *in* action）」であり、ここにショーンの理論の斬新さがある。すなわち、専門家は「いまここ」の場で状況の進行中においても常に行為と帰結の連関を多元的、多面的に探り、事の意味を理解しようと努め、問題を再定義しながら、瞬時に次の一手を考えるというのである。

ただし問題なのは、その場その場で状況の何に注目し、どのような事前知識との関係で、行為のレパートリーから何を選び取ってくるかという知恵（実践知）はしばしば本人にも明瞭に言語化できない「暗黙知」の領域にあり、なかなか記述できないという事情にある。仮に記述できたとしても、その多くはその人の個性とその人のおかれた状況との関係において編まれてきた実践的知識であるため、他の人が他の状況で模倣してもも必ずしもうまくいとはかぎらない。つまり文脈と切り離して一般的知識としてマニュアル化することができないのである。

一節で述べたように、教師は教室というミクロシステムの一構成素であり、通常はその内部にあって限られた視野から教室でのやりとりをみつつ行為し、子どもたちの変化をみながら、自らの動きを調整している。その意味では学級の子どもたちと変わらない。しかし、それでも教師は子どもたちと同等な立場で教室に参与しているわけではない。教師が教室の制度、規範、慣習、環境の設定および改変において子どもたち以上に権限を有し、(必ずしも意図どおりにならないことも含めて)発話行為によって子どもたちの行為を始動・停止させたり変更させたりする効力をもつのは確かである。教師が一人で学級王国を作り上げ、授業における子どもの学びを統制しきれると考えるのは幻想だろうが、かといって学級システムにおける教師の力はけっして低くない。教師が省察的実践家として場に参与するということは、教師には、教材に関する知識の活用はもちろん、教室や個々の子どもの文脈、教師自身の枠組みを認識しつつ、事中における行為の省察をしながら教室内の子どもたちに豊かな学びを創出していく責務があるということである。そして学びの過程と結果、そこでの自らのありようを、ミクロ―マクロ間のさまざまな視点から事後的に省察することにより、気づきを得て、改善を試み続ける。これが省察的実践家としての教師の技量ということになるだろう。こうした省察を促進するための仕掛けとして、「授業リフレクション」と呼ばれる技法がいくつか提唱されている(澤本、1998/藤岡、1998)。

二　授業リフレクション

授業リフレクションは自らの言葉で自らの授業実践を聴き手に向かって語るかたちをとるのが基本である。一人で日誌を書くといったやり方もあるが、それは紙や画面、文字を媒介とした（潜在的他者をうちに含む）自己との対話としてとらえることができるだろう。現在までに提唱されている授業リフレクション技法は数多くある（山中、2001／澤本ら、1996を参照）が、ここでは、その一例として井上・藤岡（1995）が開発し、藤沢市教育文化センター教育実践臨床研究部会が発展させたカード構造化法による授業リフレクション（山中・目黒、2002）とそれを利用した研究事例（大向、2007）を紹介しながら、授業リフレクションの特質を述べる。

カード構造化法の手順は以下のとおりである。授業者はまず、①一時間の授業の全体的な印象をカードに記し、これを模造紙の中央上部に貼り付ける。次に、②授業のなかで感じたこと、考えたこと、気づいたことなどを一枚一項目でカードに書き出す（枚数はいくつでもかまわないが目安は二、三十枚）。③書き終えたカードをシャッフルして順に繰りながら、直感的に二つに分類し、できた山のそれぞれを一言で表すようなラベルをつける。④印象カードの下に、ラベルを左右に配置させる。⑤二つに分類したカードのそれぞれの山に対して、右記の③と④の作業を繰り返し、ラベルによってツリー図を作っていく。⑥こうして作られたツリー図をもとに、聴き役であるプロンプタとの対話によるリフレクションを始める。プロンプタも授業を参観していることは望ましいが、必須ではない。授業者はツリー図を見ながら、プロンプタの求めに応じてラベルの内容を説明していく。プロンプタは聴きながら、授業者の語る言葉を図に書き込んでいく、その過程で、ラベルの語句を補い、背景を説明し、またラベルどうしの関連について気づいたことがあれば、グルーピングしたり、線で結んだり等、プロンプタと協力しながら書き（描き）込んでいく。こうして、語りながら同時にラベルどうしの構造や関係性を可視化させながら、語りによるマッピングを共同で構成し、そのなかで気づきを現出させていく。

ツリー図の具体例（大向、2007）を図四―一にあげる。これはリフレクションが終わった時点の図であるが、プロンプタとの対話が始まる前段階（先述の⑤が終わった段階）では印象カードとラベルによるツリー図のみが描かれた状態だと思ってほしい。授業者は当時教職七年目の小学校教員で四年生の担任であった。対象となった授業は算数で、リフレクションは三度目だった。なお観察者（兼プロンプタ）は授業者の同僚の先輩教師（当時教職十七年）である。

リフレクションにおいては授業者にとって授業が、そして子どもがどのように見えていたかが中心に語られることになる。しかし同時に、観察者であり聴き役でもあるプロンプタのなかでも、授業者の語りを聴きつつ、自らの授業の「見え」、あるいは自らの授業観との突き合わせが起こると考えられる。

石黒（2005）は保育や教育に関わる研究者ならびに実践者が、実践の場を「みる」際の見方に、「観る（observing）」「診る（diagnosing）」「看る（caring）」という三つの漢字を当てて、研究者もしくは実践者の場に対する関わりを述べている。「観る」から「診る」「看る」となるにつれて相対的にシステム（場、あるいは文脈状況）の内部に自らが参与し、対象と直に関わりながら、未来を創り出そうとする志向性が強くなる。もっともこうした分類はあくまで概念上のもので、実際には、少なくとも実践の場にいる教師はこの三つの「みる」を同時に、あるいは瞬時に使い分けながら行為

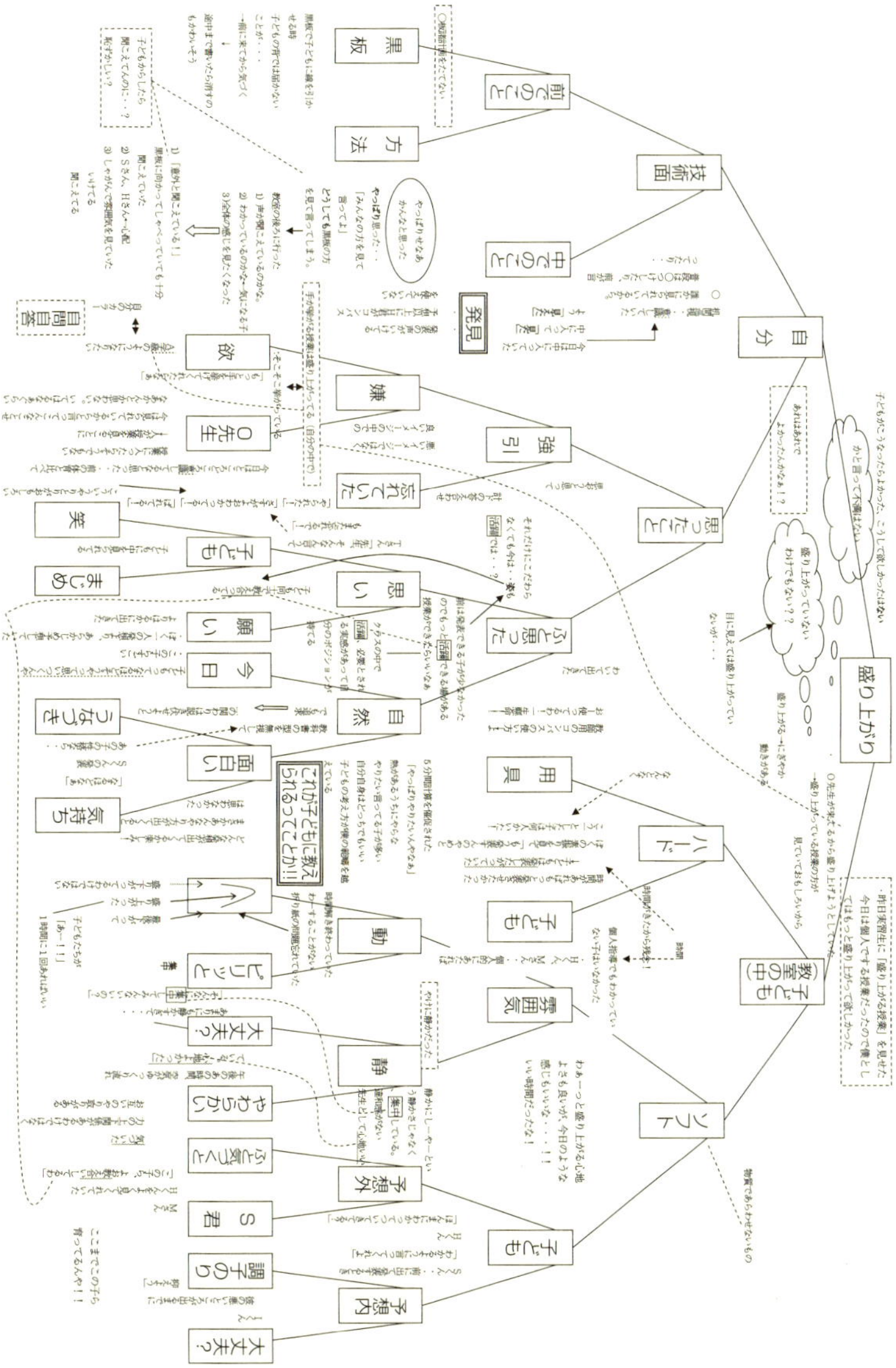

図4-1　リフレクション終了時のツリー図の例（大向, 2007, p. 44 を著者の許可を得て一部修正のうえ、転載）

しているにちがいない。なお筆者はこの三つに、場に自己投入し事象を味わうという意味で「鑑る（appreciating）」という当て字も加えて考察したい。

先に紹介したカード構造化法による授業リフレクションの対象になった算数の授業では、授業者は子どもたちが活動に集中し「静かに盛り上がっている」様子に心を動かされている（この瞬間、彼は「鑑ていた」といえるかもしれない）。これまで彼は子どもたちが活発に発言し合い、目に見えるやりとりを重ねながらダイナミックに盛り上がる授業を理想と考えており、参観している先輩教師にそういう授業を見せたいという野心もあったという。しかし、この日の授業は彼の意に反して「あまりにも静かすぎて不安」になるほど、子どもたち一人ひとりが課題に集中し、局所的に教え合いが起こっていた。この予想外の事態に授業者はそれでも心地よさを感じ、これもある種の「盛り上がり」ではないかと意味づけた（ツリー図トップの印象カード）。リフレクションによって自分の求める授業像を再確認したうえで、その授業観に「ゆらぎ」が生じたことも同時に「気づいた」といえよう。一方、観察者もまた授業に引き込まれ、思わず知らず、教室後方の観察位置から子どもたちの表情が見える教室前方へと移動していたという。

また、子どもたちが各々課題に取り組むことで余裕が出た分、授業者は教室をめぐりながらそれぞれの子どもたちの思考過程にじっくり分け入って見取ることができ、子どもたちの多様な発想に驚いていたことを語っている。そのなかで、とくにある子どもの、間違ってはいるが魅力的な解法の試みに注目し、個人としては大いに共感し認めていた。しかし、その子が授業終盤に挙手してクラス全体に自分の解法を発表した際には、他の子どもたち、とりわけ基礎理解の遅れている子どもたちへの影響といった「教室全体」や「単元の流れ」を配慮する教師としての視点に立ち戻り、その子の解法をあまり評価せずに、そっけなく流すという即時的判断を下したという。ここでは「看る」と「診る」の両面があったといえるだろうか。

こうした即時的判断は、通常の授業の一コマであれば、おそらくすぐに忘れ去られてしまうような小さな意思決定だろうが、リフレクションのなかで改めて取り上げられ、求めに応じて判断の背景を語るその過程で、自分の日々の授業実践を支える実践知の一つが浮き彫りにされるのである。

一方、その授業者の同僚としてプロンプタを務めた教師にとっても、授業リフレクションは省察をもたらした。この算数授業の事例より前のリフレクションのときのことだが、プロンプタは体育の授業参観時に、何度もシュートを失敗し、練習を重ねても改善のみられなかったある児童に対して授業者がかけた「ええやん、ええやん」という言葉に違和感をもったという。具体的には、そこに教師の諦めの態度のようなものを感じたという。それは、その子の立場に身をおいたらその言葉をどう感じるだろうかという「子どもにより添う」視点からの見取りである。しかし、このときプロンプタは「授業者を批評しない」というリフレクションの原則に従い、聴き役に徹した。するとリフレクションのなかで授業者自身の口からその声かけの背景が語られ、当初の「違和感」は解消した。それはその子の性格や、その子のそれまでの体育技能の進歩、および級友たちとの関わりという文脈を知らない者にとっては理解できないものであった。授業者は、その子がシュートを「失敗した」かどうかよりも他児がその子にパスを回し、その子がシュートを試みられる関係が成立していたことに注目し、その子が十分「活躍できた」と感じていたと見取っていたのである。プロンプタは、授業者の省察的実践家としての豊かな資質を認めるとともに、おそらく通常の研究授業であれば、先輩教師として表面的な見えに基づいた指導助言をしていたであろうことに思い至ったという。

さらに、リフレクション終了後に、授業者とこの事象について談論するなかで、プロンプタは自身が子ども時代に体育が苦手で、失敗を繰り返すなかで級友に感じたいたたまれなさをその子に重ねたことがその「違和感」をもたらした可能性に気づいた。おもしろいことに、授業者も同様で、だからこそ体育の苦手な子にそうした感情をもたせてはいけないという「思い」を大切にしている点で同意している。授業において同じ「思い」からなす声かけが、文脈によって異なるかたちをとり得ることが二人の間で確認された。その一方で、当のその子がシュートに満足していたという授業者の見取りはあくまで授業者自身の枠組みからのものであり、他の可能性もありえたという気づきも生じ、授業実践をみる視野の広がりをともに実感している。こうした実践者同士の間で起こる気づきこそが授業リフレクションの醍醐味といえよう。

授業リフレクションは、教室における「事実」を基にするが、他者への語りという物語（ナラティヴ）モード（ブルーナー、Bruner, J.S. 1998［1986］）のなかで扱われる。松木（2004）は、物語表現は実践の暗黙知と言語化可能な形式知とを連結する機能を果たすと述べている。教室の場における事実がいかにつながるか（つながり得るか）を語り、聴き、ともに考えるなかで、自分が授業をみる見方、行為する仕方が意識化される。また他の実践者のみえ（他者の物語）との突き合わせにより，自身の盲点に気づかされ、授業のあり方を根本的に見直す契機ともなる。そのためにはこうしたリフレクションが、ともに実践を高めていくことを志向する者同士の互恵的な関係の場で行なわれることが肝要である。

筆者はこれまで何度か授業リフレクションの場に立ち会ったが、興味深いことに、そのほとんどのケースで、自分の授業についての「物語の読み換え」が生じた。それはネガティヴな「反省の物語」からポジティヴな「気づきの物語」への転換であった。「自分の授業をこれほどじっくりと人に語ったことはない。話したことで元気が出た」と語る教師に何人も出会った。近年の学校で教師は授業以外の校務に忙殺されている。同僚間での事務的なミーティングはもたれるが、そこではもっぱら教室の「問題」が報告され、解決策が探られる。つまり、ネガティヴな事態や問題のある子の話しばかりが出るのだ。それでは教師の元気が削がれるのも無理はない。授業リフレクションの効用はそこにもあるだろう。教師同士のコミュニケーションのあり方が変われば、教室にも変化が生じる。ここで紹介したような煩雑な手続きをともなう対話は必ずしも頻繁に行なわれる必要はないだろうが、同僚教師たちが、自らの言葉で自らの小さな教室での具体的な相互作用（コミュニケーション）を語り合い、聴き合うという相互作用は、当該教師個人の変容のみならずミクロシステムとしての職員室にも変容をもたらすはずだ。それが学校というシステムのあり方＝学校文化を変革させ、ひいては学校―保護者関係、地域社会といった子どもにとってのメゾ―エクソシステムの変革へともつながっていく……、そうした広がりの可能性を秘めたコミュニケーション実践であると筆者は考えている。

おわりに

本章で筆者は、教室という場を過度に複雑で、流動的で、個々人が局所的に作用し合うような――つまり、不安定でガヤガヤした空間として描きすぎたかもしれない。一方では、窮屈すぎない程度の規律があり、同じ場所で同じことが繰り返されること、すなわちルーティンから来る安心感を土台として、教師と子どもが一つのことに向かい合う共同体。そうした教室の物語を描くことも可能なはずである。いささか懐古的な幻想風景のような気もするが、少なくとも望ましい教室とはそのような場ではないのか。もちろん、教室には安定状態を作り出し、保つためのさまざまな文化的な（物的・事的）仕掛けがあり、それが学びを促進する面があることは筆者も認める。そのうえでそうした仕掛けを自覚的に問い直したいのである。見かけ上の安定の陰に覆い隠される個々の子どもたちの思いや声があるにちがいない。

加えて、ここには筆者自身のコミュニケーション観が反映されている。実は筆者が「コミュニケーション」という語からまず連想するのは「バザール」のイメージなのである。さまざまな文化の人々が各種の物産を持ち寄り、それぞれの思惑で交渉をする。売り手はまた買い手でもある。日常の必需品を求める人、使い方もわからない未知の物に目を奪われる人、安物を高く売りつけようと言いくるめる人、はねのける人、他文化の情報が欲しい人、何も買おうと思わないが場の雰囲気や会話を楽しみたい人、群衆にまぎれて一人でいたい人。局所的ないざこざは発生しても相互作用のなかで抑制もかかる。それぞれがそこで何かの意味を交換しながら、新しい意味を創ってゆく……。むろんこれもまた幻想風景の一つであるし、「市場」が教育を語るメタファとしてふさわしいかどうかという疑問もある。本章が教室という場を描く多様なフレームの一つとして、教室の実践者に何かの示唆を供するものとなれば幸いである。

引用・参考文献

秋田喜代美・村瀬公胤・市川洋子　2004　中学校入学後の学習習慣の形成過程——基礎学力を支援する学校・家庭環境の検討　東京大学大学院教育学研究科紀要43、205-234.
蘭　千壽・高橋知己　2008　自己組織化する学級　誠信書房
Bloch, A.　1991　*The complete Murphy's law.* PSS Adult.　倉骨　彰（訳）1993　マーフィーの法則　アスキー出版局
Bronfenbrenner, U.　1979　*The ecology of human development: Experiments by nature and design.* Harvard University Press.　磯貝芳郎・福富　譲（訳）1996　人間発達の生態学　川島書店
Bruner, J. S.　1986　*Actural minds, possible worlds.* Harvard University Press.　田中一郎（訳）1998　可能世界の心理　みすず書房
藤江康彦　2002　学びを支援する教室談話の編成　森　敏昭（編）認知心理学者　新しい学びを語る　北大路書房　pp. 160-171.
藤岡完治　1998　仲間と共に成長する——新しい校内研究の創造　浅井　匡・生田孝至・藤岡完治（編）成長する教師——教師学への誘い　金子書房　pp. 227-242.
井上裕光・藤岡完治　1995　教師教育のための「私的」言語を用いた授業分析の開発——カード構造化法とその適用　日本教育工学雑誌18、209-217.
石黒広昭　1998　心理学を実践から遠ざけるもの　佐伯　胖他　心理学と教育実践の間で　東京大学出版会　pp. 103-156.
石黒広昭　2005　実践を領る——「実践に向かう研究」のために　鹿毛雅治（編）教育心理学のあたらしいかたち　誠信書房　pp. 177-202.
苅谷剛彦　1998　学校って何だろう　講談社
河本英夫　1995　オートポイエーシス——第三世代システム　青土社
Kneer, G. & Nassehi, A.　1993　*Niklas Luhmanns Theorie sozialer Systeme.* Wilhelm Fing Verlag.　舘野受男他（訳）1995　ルーマン社会システム理論　新泉社
松木健一　2004　物語る校内研修を創る　秋田喜代美（編）子どもたちのコミュニケーションを育てる——対話が生まれる

授業づくり・学校づくり　教職研修10月号増刊、239-244.
Mehan, H.　1979　*Learning lessons.* Harvard University Press.
茂呂雄二　1996　読み書きの具体性から　佐々木正人（編）　心理学のすすめ　筑摩書房　pp. 79-109.
茂呂雄二　1997　発話の型　茂呂雄二（編）対話と知――談話の認知科学入門　新曜社　pp. 47-75.
大向　勲　2007　教師の「見える力」の形成過程――授業リフレクションを通して探る　兵庫教育大学大学院平成18年度修士論文
澤本和子　1998　授業リフレクション研究のすすめ　浅井　匡・生田孝至・藤岡完治（編）　成長する教師――教師学への誘い　金子書房　pp. 212-226.
澤本和子・お茶の水国語研究会　1996　わかる・楽しい説明文授業の創造――授業リフレクション研究のススメ　東洋館出版
Schön, D. A.　1983　*The reflective practitioner: How professionals think in action.* Basic Books.　柳沢昌一・三輪建二（訳）　2007　省察的実践とは何か　鳳書房
氏家達夫　1996　子どもは気まぐれ――ものがたる発達心理学への序章　ミネルヴァ書房
山中伸一　2001　リフレクションとしての評価を基盤にすえたカリキュラム創造　教育メディア研究・情報教育実践ガイドV　見えることからの授業の再構築　藤沢市教育文化センター紀要、103-116.
山中伸一・目黒　悟　2002　カード構造化法の手順　教育実践臨床研究・学びに立ち会う――授業研究の新しいパラダイム　藤沢市教育文化センター紀要、83-92.

コラム

ちゃぶ台囲んでリフレクション

本章で紹介したような「授業リフレクション」の技法は、語り手と聴き手が一対一でじっくりと取り組めるので得られるところも多いと思いますが、一方で時間と手間がかかり、手続きも繁雑なので、何かの機会でもなければ、なかなかふだん同僚同士でやってみようという気にはならないかもしれません。

そこで現場の先生と相談して、もっと気軽に大勢で授業を語り合う場を作り、そのなかでよい方法を探っていくことになりました。呼びかけに集まったのは一年目の臨任教員から、中堅、ベテランの教頭先生まで、多様な世代、立場の教師が数名。筆者も末座におじゃまさせていただきました。

カーペット敷きの部屋に車座に座り、一人ひとり順番に、自分のある日の授業について、また子どもについて語ります。聴き手はリラックスしつつも熱心に聴き、ひととおり話しが終わった後で自由に語り合いました。そこでは教職年数も肩書もありません。皆が一教師として、教室での労苦と悦びを分かち合える者として対等に関わっていました。

参加者にとっておおむね満足のいく会でしたが、ある参加者から、「今日は心に残る言葉にたくさん出会い、自分のなかからも気づきや問いが生まれた。この言葉を自分のメモ帳に書き留めておくだけではもったいない。皆のそれぞれの思いも知りたいが、かといって後で改めて文章に書くというタスクになると気が重い」という意見が出されました。

そこで筆者は「ワールド・カフェ」という学びのスタイルのなかで使われる「テーブルクロスのいたずら書き」という手法を紹介しました（ブラウン・アイザックスら、2007※）。カフェテーブルで数人があるテーマについて自由に対話している最中に、各参加者は一枚のテーブルクロス（実際は摸造紙）の端々に各自が琴線に触れた言葉や思いついたアイディア、気づき等を書き残し、それをセッション後に皆でふり返りつつ共有し合う、そこからまた新たなアイディアが創発するという、そういう仕組みです。

次の回から、車座スタイルは残して、カフェテーブルならぬ「ちゃぶ台」を中に置き（酒は無し）、紙に各自いたずら書きをしました。初めは聴くか書くかに注意がそがれて難しいのですが、だんだん慣れてきます。もちろんメモ書きですから、それだけでは他人が見てもよくわからない。そこで互いに説明し合います。そこでは聴き手から語り手への共感と違和感が語られ、その共感と違和感が各自の授業観への気づきへとつながるわけです。

こうしたスタイルの授業研究会ですと、数時間通しでやっても疲れを感じません。むしろ皆明日への英気を養って帰途につきます。もっとも、この「元気の出る」会合ですら、残念ながら頻繁に開く時間がとれないのがいまの学校の現状です。しかしながら、人は楽しくかつ成長できることをするためなら、どんなに忙しくてもなんとか工夫して時間を作れるものです。こうした、語り聴き合う文化が学校現場に定着していくことを筆者は願っています。

※ Brown, J., Isaacs, D., & the World Café community 2005 *The World Café: Shaping our future through conversations that matter.* Berrett-Koehler. 香取一昭・川口大輔（訳）2007 ワールド・カフェ――カフェ的会話が未来を創る ヒューマンバリュー

五章　日本的コミュニケーションの特質と様相

安部崇慶

はじめに――「沈黙は金」とする日本人のメンタリティ

「沈黙は金、雄弁は銀」という金言、ことわざがある。もともとは、古代ギリシアにそのルーツをもつ言葉ではあるが、この金言は、日本人のメンタリティの一面を照射しているように思えてならない。そういえば、かつて三船敏郎が出演した「男は黙って○○ビール」というTVコマーシャルもあった。また「男は黙って」といえば、ある年代以上の日本人にとって真っ先に想起される代表的俳優は高倉健であろう。高倉健という俳優の存在は、まさに「男は黙って」生きるものとしての象徴でもあった。そうした影を彼に付与したのは、いうまでもなく彼の出演した数多くの映画作品（『幸福の黄色いハンカチ』（一九七七）、『八甲田山』（一九七七）、『あ・うん』（一九八九）、『鉄道員（ぽっぽや）』（一九九九）、『ブラックレイン』（一九八九）等々）で描かれる寡黙な人物と彼自身の生きざまがリンクしてみえたからでもあろう。その高倉健を一九七〇年代、全盛の人気スターたらしめたのは仁侠映画である。クライマックスシーンになると満員の客席からスクリーンに向かって「健さーん」と絶叫に近い喚声が上がったものである。仁侠映画のストーリーは単純である。仮りに彼の役名を秀次郎としよう。相手役は、だいたい藤純子（現 冨士純子）で役名をお龍としよう。一宿一飯の恩義を受けた親分に敵対する勢力が、観客が歯がみするほどのこれでもかという卑怯な手段で向かってくる。秀次郎自身はこの争いとは直接関係はないが、恩義を受けた親分が無残に葬りさられたとき、耐えに耐え、忍びに忍び、堪忍袋の緒がきれた秀次郎が一人日本刀を手に相手側に乗り込んで行くのである。秀次郎を秘かに慕っていたお龍は、それをなんとかやめさせたいのだが、秀次郎の前では何も言えない。いよいよ、死を覚悟した秀次郎が乗り込もうとするそのとき、お龍がやって来て秀次郎と最後の会話をかわすのだが、それは万感の思いを込めたたった一言である。お龍は、情感溢れる声で一言「秀さん……」と相手の眼を見つめる。それに対して秀次郎も一言「お達者で……」と彼女の眼に語りかける。蛇の目傘に日本刀を持った秀次郎とその後ろ姿を涙を抑えたお龍が見送る。流れる主題歌……という場面で前述の喚声があがるのである。この場面を仮りに説明的な台詞で表現してみると、お龍「直接利害もない人のために、何で命まで賭けて復讐しようとするの。私はあなたを愛しているわ。一緒にだってなりたい。お願いだから行かないで。どうしてもっていうんならせめて絶対生きて帰ってきて」とでもなろうか。秀次郎「俺の生きてる仁侠の世界では、義理に生きなきゃあ男でおれないのだ。たとえ、負ける、死ぬとわかっていても行かなきゃあならないときには行かなきゃならねえんだ。俺だってお前を愛してる。一緒にだってなれるものならなってみたい。だけど、俺と一緒になったってお前を幸せにしてやれることはないだろうし、俺の精一杯の気持ちは、お前の幸せを祈ることだけかもしれない」とでもなるだろうか。しかし、こんな台詞を聞いた観客が、前述のように喚声をあげて熱狂しただろうか。答えは、否である。お龍や秀次郎が述べるであろう前述のような台詞は、観客の誰もが理解しているし、そう言えばいいのに、という心情を抱いている。しかし、スクリーンではそんな諸々の言葉を封殺してお龍は「秀さん……」としか言わないのである。同様に、秀次郎も万感の思いを込めて「お達者で……」としか言わないのである。

映画のワンシーンについて語りすぎたかもしれないが、これと場面はまったく違っても同様な「沈黙は金」とするメンタリティの発露がかつて学校生活でもあった。筆者の小学生、中学生時代には、先生が何かに怒って児童・生徒に注意するときに、よく「いいか、先生にもうこれ以上何も言わせるなよ。先生の顔を見てみろ。先生が何で怒っているかわかるな。わかったなら、先生はもう何も言わん」というような状況がよくあった。現在なら、「先生、言ってくれなきゃ、わかりませーん」という声が飛んできそうだが、当時の児童・生徒たちは、くどくどと先生に注意をされるよりは、前述のような自らが感じ取れ、という態度の方に親近感を抱いたのである。教師もまた、そのような教育の効果を信じていたのかもしれない。

以上、きわめて卑近な二つの事例を示してみたが、ここに看取されるのは、聞かずして相手の心情を察しようとするメンタリティ、言わずして自らの心情を悟って欲しいというメンタリティである。それを基盤としたコミュニケーションを「是」とするがゆえに「沈黙は金」という金言への肯定も生まれたのであろう。日本人がもつ（もっていた）身の回りの雰囲気や物事が移り変わる変化への敏感さがあってこそのコミュニケーションではある。

しかし、こうした日本人が有し続けてきたと想定されるメンタリティは、最近の日本人から消えていったという説もある。「新しい日本人」「新人類」等々は、時代とともに語られる言葉でありながら、その実、脈々と日本人特有のメンタリティは流れているとされたものである。しかし、ここ数年、本当にこれまでにない日本人が出現したのかもしれない。コミュニケーションの事例に限っても、その典型的なものは、女子中・高生に盛んないわゆる「ガールズ・トーク」があげられるだろう。「ガールズ・トーク」とは、言葉のキャッチボールではなく、原則的に相手のいうことは聞きっぱなしで相手の話が一段落すれば、今度は自分の話を相手の話と何の脈絡もないままに一方的に話すというものである。お互いに自分の話へのなんらかの回答や同意を最初から求めていないところにその特徴がある。そばで聞いていると絶え間なく会話が続き、豊かなコミュニケーションが醸成されていると思いきや、自分の話したいことを発散的にしゃべっているだけのようにみえるのである。「沈黙は金」とするメンタリティがなくなった証なのか、かたちを変えたメンタリティなのか。

ともあれ、本章では、わが国の伝統的教育論（稽古論）にみる日本的コミュニケーシュンの特質と様相についていくつかの事例を基に考察していきたい。

一節　口頭によるコミュニケーション

前述した「沈黙は金」とする日本人のメンタリティと関連するが、日本人のコミュニケーションの総体のなかに、かなりの部分で書き文字を否定する、あるいはそれを前提とするコミュニケーションの様態が存在するのも事実である。たとえば、以心伝心、不立文字《ふりゅうもんじ》、阿吽《あうん》の呼吸、啐啄同時《そったくどうじ》、等々の言葉の意味するところである。口頭によるコミュニケーションには大別すると二つの背景が存在する。一つは、無文字社会における音声や身体表現などを媒介としたコミュニケーションの手段・方法としてである。無文字社会での口頭によるコミュニケーションは、当然の帰結である。

二つには、「此別紙ノ口伝、当芸ニ於イテ、家ノ大事、一代一人ノ相伝ナリ」（世阿弥『風姿花伝』）や「口伝・蜜伝は云い渡すなり。書物は無し」（山上宗二『山上宗二記』）にみられるようなわが国の芸道社会における教育方法である。ここには、文字社会における書物や文字の否定・拒否を前提とするコミュニケーションの手段・方法が呈示されている。茶道・華道・能・歌舞伎・和歌・俳諧・絵画・書道・音楽等々の伝統的芸道社会で展開された教育方法（稽古論）では、共通して書き文字ではなく、口頭によるコミュニケーション（口頭伝承）の形態をとっている。同様な事例は、芸道社会のみならず仏教における仏道伝承（とりわけ、真言密教）においても認められる。先の「以心伝心」以下に示した語のルーツが仏教にあることからもそれは首肯されるであろう。

では、この意味するところは、何なのか。無文字社会における音声や身体表現などを媒介としたコミュニケーションと同様の意味を有していたのか。この点について川田（1996）は「『無』文字社会という文字をもつ社会の側からの『欠落』を指標とするネガティヴな規定は、そのように規定された社会がもっている、音、身体表現、図像等を媒体としたコミュニケーションの総体を、自立したポジティヴなものとして対象化する前提としてはふさわしくない」し、むしろそうした社会は「文字なしに充足した、それなりにきわめて豊かなもの」であり、「『文字を必要としなかった社会』として、よりよく性格づけられる」と述べる。川田は、有文字社会を優れたものと即断することの危うさと無文字社会であるゆえの豊かさを指摘しているのだが、日本的な口頭のコミュニケーションにもそれと同様の豊かさが存在するのかもしれない。あるいは、それを認識したがゆえに書き言葉ではなく、口頭のコミュニケーションを是とすることへの帰結があったのかもしれない。

さて、この口頭のコミュニケーションをまったきものにするためには、いくつかの前提条件が存在する。一つには、優れた人間洞察能力を有した教育者（師匠）の存在である。二つには、一点目と密接に関連することだが、「時」と「機」の把握である。「機」とは、ある時・ある場における人間の心のありようのことであり、その「機」を掴みタイミングよく行為に移す瞬間が「時」である。先述のわが国の伝統的芸道の世界における「時」と「機」という思惟に即して論ずるならば、それは、ある時・ある場という限定された時空間においてのみ成立する芸道の一回性の認識に支えられた人間（あるいは自然）観察による「時」の捕捉だということができる。芸道の一回性とは、端的にいえば、どれほど優れた技芸であろうとも、ある時・ある場で演じたり、行じたりすれば、それで完結してしまうことをいう。現代のようにビデオ装置などなく、しかもやり直しのきかない「生」の技芸を要求された時代にあって、その一回の舞台や座や行為空間のなかで、至芸を示し続けなければならなかった芸道師匠たちの極度の精神集中は容易に想像できるところである。このコンセントレーションこそが、先述の口頭によるまったきコミュニケーションの世界を現出せしめたともいえよう。結論的にいえば、口頭のコミュニケーションによる教育（あるいは伝承）において留意すべきは、教育者たち（師匠たち）が、深い人間洞察能力を有していたことにある。つまり、彼らが「機」を理解し、「時」を知り得た人物であったということである。

「時」と「機」については、さらに、現代の学校教育のなかでも最も見失われがちでいて、かつ重大な問題が隠されているように思われる。それは、教育における「時間」の概念である。その好個の事例が、仏教の教学にある。少し長いが、「時」と「機」の思惟と軌を一にし、「時」「機」と「教」の関係を端的に物語っているので、引用しておこう。

仏教を弘むる人は必ず機根を知るべし。（中略）機を知らざる凡師は所化の弟子に一向に法華経を教ふべし。問ふて云はく、無智の人のなかにこの経を説くことなかれとの文は如何。答へて曰く、機を知る智人の説法することとなり。（中略）仏教を弘めん人は必ず時を知るべし。たとへば農人の秋冬田を作るに、種と地と人の功労とは違はざれども、一分も益無く還つて損ず。一段を作る者は少損なり、一町二町等の者は大損なり。春夏耕作すれば、上中下に随つて皆分々に益あるが如し。仏法もまたかくのごとし。時を知らずして法を弘めば、益なき上、かえって悪道に堕するなり。仏出世し給ひて必ず法華経を説かんと欲するに、たとひ機あれども時なき故に、四十余年この経を説き給はず。故に経に曰く、説時いまだ至らざる故なり。（中略）よくよく時刻を勘ふべきなり（日蓮『教機時國抄』）。

これは、鎌倉仏教の創始者の一人である日蓮の言である。彼は、法華経信仰に基づく立場からではあるが、「教」「時」「機」について明解に論じている。彼によれば、「教」は「機」と「時」を待って行なわれる。「機」を知らず、「時」に合わなければ、どれほどよき「教」であっても、その効を発揮することはできないという。児童の成長や発達が重んぜられるのは、「機」についての配慮であるといえようが、カリキュラムにも盛ることのできない「時」について、現代の学校教育や教師がどれほどの関心をもっているといえるのだろうか。ここで留意しておきたいのは、日蓮が「教」「時」「機」を思惟する際に、農作を例にあげたことである。実にいい得て妙である。たしかに、種にどれほど高価で立派な肥料を与えたところで、どれほど散水したところで、一定の時間の経過なしには、種も稲も実らない。だからといって、時間さえ経れば実るというものでもない。田や畑の土質に注意し、肥料を改良し、肥料や水をやる時期を考えたうえでの「時間」なのである。しかも、地域によっては気候・温度といった風土の違いを考慮に入れねばならない。教育という活動・作用が、機械相手に行なわれるものならばともかくも、十人十色、千差万別の生きた人間相手に展開されるものであるかぎり、この農作の譬えの示唆するところは大である。「時」と「機」の教育的思惟のよって拠たるところは、この人間把握を基盤としていたのである。ウィスキーのモルトが樽の中で時間を経て醸成されるごとく、稲や実が時間の経過なしには育たぬごとく、人間の有する能力の何が最も時間を必要とし、何が時間を経ることによって花開くのかを認識しようとする姿勢こそが、この伝統的教育方法たる「時」「機」とそれを基盤とした日本的口頭のコミュニケーションを生み出さしめたといえよう。

二節　俳諧における座——一期一会の精神的志向

わが国の伝統的教育の世界に認められるきわめて純化された口頭のコミュニケーションの事例とその特質について以下述べていきたい。それは、松尾芭蕉にみる俳諧の座とそこに展開された一期一会の精神的志向を基盤としたコミュニケーションの事例である。俳諧の一筋につながる彼の人間と芸術については、改めて語るまでもないだろう。ただ「西行の和歌における、宗祇の連歌における、雪舟の絵における、利休が茶における、其貫道する物は一なり」（松尾芭蕉『笈の小文』）という言辞によって己が携わる俳諧のみちの存在を西行から利休に至る一なる風雅の価値観のなかに見い出そうとした芭蕉のひたむきな生きざまは、芸道の世界の一大転換期——芸道の大衆化過程——においても光明を放っていたことに留意しておきたい。

ともあれ、芭蕉が生きた時代の俳諧は、集まった一座の人々が次々と句を重ねる連俳に中心があったことは周知のとおりである。それは、後世の俳句とは異なり、同好の一座のなかで生み出される共同の詩情を基盤としていたのである（秋山、1980）。この意味で、次の一文は、芭蕉が俳諧の座において人はいかなる態度をとるべきかを説いたものであり、彼における座の意味を考えるうえできわめて示唆に富むものである。少し長いがそのまま引用する。

前　二ツにわれし雲の秋風　トやらんなり　正秀

　中れんじ中切あくる月かげに　去来

正秀亭の第三也。初めは「竹格子陰も□に月澄みて」と付けけるを、かく先師の斧正したまへる也。其夜、共に曲水亭に宿す。先師曰く「今夜、初めて正秀亭に会す。珍客なればほ句は我なるべしと兼而覚悟すべき事也。其上、ほ句と乞はば、秀拙を撰ばず早く出すべき事也。一夜のほど幾ばくかある。汝がほ句に時うつさば、今宵の会むなしからん。無風雅の至也。餘り無興に侍る故、我ほ句をいだせり。正秀忽ちワキを賦す。『二ツにわるる』と、はげしき空の気色成るを、かくのびやか成る第三付くる事、前句の□をしらず、未練の事なり」と、夜すがらいどみたまひける。去来曰く「其時、『月影に手の平立つる山見えて』と申す一句侍りけるを、ただ月の殊更にさやけき処をいはんとのみなづみて、位をわすれ侍る」と申す。先師曰く「其句を出さばいくばくのましならん。此度の膳所のはぢ一度すすがん事をおもふべし」と也（向井去来『去来抄』）。

芭蕉は、なぜかくも厳しい叱責を去来に加えたのであろうか。その理由は、次の二点にある。第一には、当時、膳所（現在の滋賀県大津市）にあった正秀亭に京都から来た去来は珍客であり、当然自分が発句を所望されることを覚悟すべきなのに、前もってその心構えをもたず、去来が発句をいちはやく言い出せなかった失態についてであり、第二には、前句の気色にそぐわない付句を出した失態についてである。それは、失態というより「無興」であり「無風雅の至」であったと夜を徹して去来は芭蕉に叱責されたのである。ここには、俳諧における座――いわば心縁共同体※としての座――の重視を見て取ることができる。俳諧においては、座の連帯感や共通の感受性を前提としたコミュニケーションこそが何よりも大事であり、大切だったのである。であればこそ「発句は門人の中予に劣らぬ句する人大し。俳諧におゐては老翁が骨髄」（森川許六『宇陀法師』）という連句のつきあいに対する芭蕉の絶対的自信が表出し得るのである。この意味において、去来の失態は、まさに「そのような連帯関係が作り出した黙契の世界の破壊を意味し、それは座の礼節に外れ、興ざめなこと」（山本、1978）以外の何ものでもなかったのである。

※　山本（1978）は「心縁協同体」の語を用いている。

こうした座の重視を他の芸道に求めれば、その一は茶の湯における茶会であろう。俳諧における座の重視がまさに茶の湯における一期一会の観念と同一の精神的志向上に存在すると想定されるからである。茶の湯における一期一会とは、一生ただ一度のめぐり合いということである。

抑、茶の湯の交会は、一期一会といいて、たとえば、幾度おなじ主客交会するとも、今日の会にふたたびかえらざる事を思えば、実に我が一世一度の会也。去るにより、主人は万事に心を配り、聊も麁末なきよう深切実意を尽くし、客にも此の会に又逢いがたき事を辨え、亭主の趣向、何壱つもおろかならぬを感心し、実意を以て交わるべき也。是を一期一会という。必ず必ず主客とも等閑には一服をも催すまじき筈之事、即ち一会集の極意なり（井伊直弼『茶湯一会集』）。

ここに明らかなように、茶会の席のその場その時という限られた時空間のなかで亭主と客たちが織りなす人間相互の交感を顕現する決意でもあった。茶会においては、その座の空気・雰囲気の極度の純化をこそ至高のものとしたのである。俳諧における座の重視、とりわけ座の空気にそぐわぬ行為に対する芭蕉の極度の嫌悪は先述のごとくである。俳諧と茶の湯が、一期一会の精神的志向上に座をとらえていたという所以である。利休に遅れること約一世紀、芭蕉はその美的理念において利休と邂逅したのである。

次に座に望んでのありようは、具体的にどうであったか、また座に望んでの正しいありようを可能ならしめるものは何であったのかに論を進めよう。

先師も俳諧は気に乗せてすべしと有り。相槌あしく、拍子をそこなふ共いへり。（中略）みな気をすかし生かして養ふの教也。門人巧者にはまりて、只能き句せんと私意をたて、分別門に口を閉ぢて案じ草臥るる也。おのが習気をしらず。心の愚成る所也。多年、俳諧好きたる人より、外の芸に達したる人はやく俳諧に入る共師のいへる由、或俳書にもみへたり。師の曰く「学ぶ事はつねに有り。席に望んで文台と我と間に髪といれず。おもふ事速かにいひ出でて、個々に爰に至りて迷ふ念なし。文台引き下ろせば則ち反故也」ときびしく示めさるる詞も有り（服部土芳『三冊子』）。

と、俳諧の座に望んでは、座の空気に啐啄同時に反映する心のはたらきが求められたのである。それは、その時・その場の状況や事情に応じた心のはたらき、あるいは状況に応じた勘のはたらかせ方と解することもできよう。先述のごとく、俳諧の座における第一義は、同座した連衆がその詩的精神において、純化された雰囲気を享受することにあった。それゆえ、そこでは、茶会の席において茶の味そのものよりも座の空気の純化が至上の目的とされたのと同様に、作品そのものは「文台引き下ろせば則ち反古」とみなされたのである。このことは、もちろん、作品そのものの否定ではなく、それに勝るものとして心のはたらきを重視したのである。この意味において、俳諧における座の唯一至上の目的は、句作者と連衆の啐啄同時の心のはたらきにあったといって過言ではない。ここに至って、芭蕉は「時」と「機」という教育的思惟を獲得していたと想定されるのである。ともあれ、座の空気・雰囲気を乱さぬこと、あるいは前句の気色を瞬時に感じ取り、それにそぐわぬ付句を出さぬこと、これらが容易ならざるわざであったことは首肯できるであろう。しかも、それらは座に望んだ本人が己のセンスで対応するものでもあった。そして、それを可能ならしめるためには「先師曰く『今のはいかいは日頃に工夫を経て、席に望んで気先を以て吐くべし。心頭に落すべからず』と也」（向井去来『去来抄』）と述べる。かくのごとき心のはたらきを可能ならしめるものは、唯一「日頃の工夫」であった。

三節　象徴的啓示の教育とそのコミュニケーション

わが国の伝統的教育にみるコミュニケーションのもう一つの事例は、象徴的啓示のコミュニケーションである。象徴的啓示のコミュニケーションについては、数多くの事例があるが、ここでは天心岡倉覚三の教育実践にそれを探ってみたい。

天心岡倉覚三の芸術教育論は、わが国の伝統的芸道稽古論の一系譜として位置づけられる。幕末維新期の教育近代化の流れのなかで、わが国の伝統的教育である芸道の教育方法や教育観を是として主張することは、きわめて困難な状況であったことは想像に難くない。そうしたなか、天心は「絵画における近代の問題」で、「組織化を本来とする教育法は、万人に単一の法則を押しつけ」、「個性にとって破壊的」であるから、「いかなる学校教育にも代えられない」「芸術のいわば家庭教育」とも呼び得る「複雑な制作全体への洞察を身につける最良の方法」である「昔の方法」へ帰れと指摘する。このような天心の芸術教育への姿勢は、高村光雲の東京美術学校彫刻科教授への採用にまつわる有名なエピソードに如実に現れる。

「高村さん、それはあなたは考え違いをしていられる。学校をそうむずかしく考えることはいりません。あなたは字もならわない、学問もやらないから学校は不適任とおいいですが、今日、あなたにこの事をお願いするまでには、私の方でもあなたのことについては認めたうえでのことですから、そういうことは万事御心配のないように願いたい。あなたにできることをやって頂こうというので、あなたの不得手なことをやって頂こうというのではありません。多くの生徒に就くことなどが欝陶しいなら、生徒に接しなくとも好いのです。（中略）あなたがお宅の仕事場でやっていられることを学校へ来てやって下さい。学校を一つの仕事場と思って……つまり、お宅の仕事場を学校へ移したという風に考えて下すってよいので、生徒はあなたの仕事を見ていればよいわけで、それが取りも直さず、あなたが生徒を教えることになるのです」（高村光雲『高村光雲懐古談』）。

天心の美術教育とは「字もならわない、学問もやらない」「多くの生徒に就かない」高村光雲を教授とできる教育であった。字も知らない者が展開できる授業とは、西洋式の美術教育への天心の痛烈な批判であった。いうまでもなく、天心やフェノロサ（Fenollosa, E. F.）が東京美術学校で目指した美術教育とは、伝統的な師匠と弟子の関係における相互教育作用にこそ存したのである。

こうした天心の教育方法の特質は、暗示的なものであった。これを「象徴的啓示」の教育と名づける。詳しく述べる紙幅はないが、先に若干ふれた芸道稽古論にあっては「型を出る」段階での教育方法は啐啄同時の教育に待つしか方途がなかったことに改めて留意したい。天心の教授法については弟子たちの回想録に具体的に紹介されている。たとえば、下村観山の描いた弁財天の画を見て「下村君、辨財天の奏でられる撥のさへは明かに見えながら、肝心の琵琶の音が、この画面のどこからも聞こえて来ない。それでは、画としての意味が完全ではない」と指摘する。天心に「琵琶の音が聞こえて来ない」といわれた観山は、幾度も加筆修正をする。やがて、天心は「ああ、やっと音が、これで美しく聞こえて来た。下村君、まことにありがたう。これでこそ画だ。画はかうありたいもの」と語ったという（岡倉、1935）。

また、彫刻家の平櫛田中が「法堂二笑」という作品を制作することを天心に告げたとき、「どこで現わしますかな、やはり笑いにあるでしょうね」と答える。後日、展覧会を天心は訪れる。「一般の入場者の絶えた四時頃先生はお出で下さり、陳列作品を一巡御覧になり、二回目に『法堂二笑』の前に立止まって『平櫛さん』と呼ばれ、私の顔を見るなり一言『よく出来ましたよ』と言われたのですが、私は口がきけずぽたりと涙を落しました」と平櫛の述懐にある（平櫛、1982）。平櫛にとって天心の指導・助言は、何ものにも勝る芸術的示唆を与えていた。それゆえ、天心の「よく出来ました」の言に感涙するのである。ここには、ともに「美」の価値へと向かう者同士の信頼と連帯のコミュニケーションが見て取れる。絵画が音を出すはずもないし、彫刻が笑うはずもない。美の表現としての作品の本質を知悉していない者には理解不可能な教育方法でもある。逆にいえば、天心の「象徴的啓示」の教授に即応しえた下村観山や平櫛田中のレベルの高さを示すものともいえよう。天心は、この他にも門弟の指導にさまざまな工夫を凝らして「象徴的啓示」の教授を駆使している。天心の美術（芸術）教育におけるこのような教育方法は「洋の東西を問わず偉大な巨匠たちは、観客に秘密を打ち明ける手段として、暗示の価値を忘れたことがない」（岡倉天心『茶の本』）との認識に支えられていた。

しかしながら、この「象徴的啓示」のコミュニケーションを駆使した教育には、さまざまな条件が前提とされる。結論的にいえば、天心はこの困難な条件をクリアーするのである。条件とは、一に師弟間の信頼関係の確立であり、二に師弟共々に上昇する道ゆきを歩んでいること、三に「心眼」を会得するレベルに師弟が立つこと、である。こうして師弟が一定の、しかもかなり高度のレベルに達したとき、「象徴的啓示」の教育が可能となる。このための必須の条件は、師匠が弟子の個性を「見抜く」眼力——人間洞察能力——を有していることにある。それらが整った時、師弟が同時にライバルともなり得る状況を形作る。この点については後述するが、天心の芸術教育の——そしてそれは同時に芸道稽古論の——きわめて重要なポイントであると考える。ともあれ、芸術という個性を重視した創造的活動の教育には、体系的・組織的指導法はそぐわない。人間の最もフレキシヴィリティに富んだ領域での教育は、より柔軟な方法が必要とされることは自明の理ではなかろうか。ただ、この教育方法をまったきものとするには前述のような条件があった。したがって、間違った適用は個性の破壊につながりかねない。天心は、この点にも充分な配慮をしたようである。「先生は画人を指導啓発されるのに、人によりそれぞれ違った方法を執ったようです」（安田、1961）という安田靫彦の言からもそれはうかがえよう。

次に、天心の人間（自然）洞察能力について触れておきたい。この能力の獲得のためには、より広くより深い知識と技量が要求される。天心は、芸術分野のみならず、あらゆる分野に深い見識を有していた。大岡は「今日なら、文化人類学者の基本的出発点となるべき種類のフィールド・ワーク的方法を、天心はごく自然に身につけていた」（大岡、1975）と指摘する。世界を股にかけて見聞を広めた天心が、実際に手に触れ、目で見て、耳で聞き、その鋭い洞察力で東西の文化を比較し、獲得した知識は、当時の芸術界では傑出していた。天心のこの能力がいかに教育に展開されたのかについては、次の事例が物語る。板谷波山が東京美術学校卒業制作の相談にきた時のことである。「私が元禄美人を作るというと、なんでお前はそれを作るのか。私の答えが、元禄時代は江戸の方へ中心の政治勢力が移って、庶民が発達してきた、江戸の文化がおこってきたとか、そういうことに非常に興味をもったからだというと、よかろう、それについてはどんな本を読んだかという。文庫にいって西鶴ものや風俗に関係あるものを読みました、とかいうでしょう。そうすると、まだこういうものを読めと、たとえば『雅遊漫録』を読め、とか教えてくれるんです。それを読みますと非常に役に立ちました」(板谷、1961)。天心は当時第一級の美術教育指導者でもあったのである。

四節　日本的コミュニケーションと伝統的教育

芭蕉の俳諧にみる「座」の意味と、「座」におけるコミュニケーション――一期一会の精神的志向性――と、岡倉天心にみる象徴的啓示の教育とその具体的コミュニケーションについて検討してきた。ここで留意しておかなければならないのは、いずれもわが国の伝統的教育のパラダイム(稽古論)のなかでのコミュニケーションであるという点にある。この意味では、これまでの各章で取り上げられた近代以降の学校や教育におけるコミュニケーションとは性格を異にするものだといえよう。そうであるならば、日本的コミュニケーションが展開されるパラダイムとしての稽古論について詳しく論ずるべきではあるが、紙幅の関係上、ここでは、その特質の概略を指摘するにとどめざるを得ない。

稽古とは、わが国の伝統的教育において認められる概念である。字義は、「古」（いにしえ）を「稽」（考える）、つまり、古人の行跡や思索等々を思考し、跡づけることに由来する。今日では、相撲や武道や芸道など限られた世界で使用されることが多い語であるが、幕末頃までは、むしろ「稽古」という語が一般的であった。「学問稽古」「砲術稽古」などの用例にみられるように、学習、研究、練習、鍛錬などの意味を有していた。とりわけ、伝統的な芸道の世界や武道の世界では、「型に入りて型を出る」という教育体系を構築する際の基盤として理解されていたのである。総じて、わが国の稽古論は、とくに論理化・合理化困難な技能（カンやコツ）を対象化し客観化し、再生産しようと努めた結果、生み出され体系化されたものである。

まず、稽古論において伝えようとする内容は、厳密には、伝統芸術各分野で行なわれる技芸（わざ）である。そこには、次の六つの特質がある。

①身体を使う使わないにかかわらず、無形文化の領域の産物であり、カンやコツといった個の感性の錬磨によって獲得される。
②師匠の技芸・芸風の模倣から出発せざるを得ず、とりわけ基礎的技芸は師芸の反映である。
③創造の境地たる至芸内容は、禅の悟りにも似た茫漠としたものである。
④技芸が人間の心と不即不離の関係において認識されている。
⑤基礎的技芸から至芸への境界には大きな跳躍的乖離が存在する。
⑥基礎的技芸の段階から、それ自体容易ではあるが完成された作品や演技が取り上げられる。補足

すれば、ピアノの教則本であるバイエル、運指法であるハノン、バレエの基礎技術であるファイブ・ポジション等が、いわば分析的・分解的・解剖的立場をとることに対比してみれば、わが国芸道の技芸内容の独自性がより理解されやすいだろう。

上記六点を特質とする技芸内容をどのように伝えていくか、その教育的思惟（思想）の結晶として提示された体系を稽古論と呼ぶのである。稽古論の前提は、卓越した人間洞察能力と技芸における最高の専門性を有した師匠の存在である。そこで展開される稽古論の特質を要約すると以下の六点に収斂する。

①師匠は自らの技芸を易から難へと体系づけることによって、学道者に一種の初心者用カリキュラムを与えた。

②技芸はその行為者・演者を離れて存在するのではなく、技芸を行なう者の心のはたらきによる統制を受けて具現するという認識のもとに心の修行・鍛錬が説かれ、生活規範の遵守というかたちで学道者に要請・呈示された。

③「型に入りて型を出る」という体系は、たとえば世阿弥の「命には終りあり。能には果てあるべからず」（世阿弥『風姿花伝』）とする思考基盤のうえに成立している。

④師匠の具体的な教育方法は、きわめて多様であり、形式的整合性を有しなかった。これは、師匠の人間洞察能力と師匠―学道者の関係が個と個の人格的つながりを中心としたものであることに

よる。
⑤上記にもかかわらず、言葉や論理のみでは伝えられない部分が厳として存在することを師匠たちは認識していた。
⑥この最終的にはカンやコツに頼らざるを得ない教育にあたって、師匠たちは「時」と「機」という教育的思惟——啐啄同時の教育——を構築した。

以上、ごく大まかに稽古論の概略を提示したが、稽古論は、一般的には近代の学習観——学習する主体と学習する対象を切り離し、より対象を客観化しようとする——との対比において語られる。すなわち、稽古論に存在する主体と対象との一体化こそが、その独自性であるとされる。と同時に「美」追求が人間形成につながるというパラダイムのうえに成立するものでもあった（詳しくは、安部、1997参照）。

おわりに——日本的コミュニケーションにみる近代と伝統という精神構造の二重性

わが国の伝統的教育（稽古論）にみる日本的コミュニケーシュンの特質と様相についていくつかの事例を基に考察してきた。それが、過去の遺物であるならば話は簡単である。しかしながら、伝統的教育も日本的コミュニケーションも欧米を範とした近代日本の成立以降も制度のなかに、あるいは日本人のメンタリティのなかに、モザイクのように残存するのである。

近代・明治国家は、国家の目標を大きくいえば「富国強兵・殖産興業」においた。つまりは、国を経済的に豊かにし、国際競争力を身につけ、それにふさわしい軍事力も兼備するというものだった。スローガン的にいえば「欧米に追いつき追い越せ」である。教育においても同様の傾向は指摘できる。江戸時代、十九世紀には日本人の識字率は世界一であったといわれる。リテラシー、つまり読み書きできる国民の層が非常に厚かった。この教育力が、日本の近代化に果たした役割は非常に大きいといえる。しかし、結論的にいえば、日本は江戸時代までに蓄積してきた教育方法や学校そのものの考え方を捨て置くことによって教育の近代化を成し遂げたといわれる。前代までの教育観・学校観・教師観・子ども観等々を変換し、近代化を成し遂げたのである。その端的な例を一つ示しておく。周知のように一八七二（明治五）年に学制が頒布され、わが国の近代公教育がスタートするが、その学制では主知主義的実学主義とともに謳われたいくつかの特色がある。第一は「邑に不学の戸なく、家に不学の人なからしめん」とする国民皆学の原則であり、第二には「学問は身を立つるの財本」とする立身出世主義とそれにともなう受益者負担の原則であった。ところが、江戸時代までの教育観では（儒教が中心であったがゆえ）「学問は、人格陶冶のため」になされるものとされてきた。学問を通じてより立派な人間になることが目標・目的なのであって、学問を財産や立身の具にすることは「人間の廉恥」だとされていた。それが「学制」では百八十度違った価値観が提示されたのである。

こうしてスタートした「近代学校」と近代公教育であったが、一方において近代（欧化）と捨てたはずの伝統の相克が常に存在するのである。たとえば、学制頒布と同じ明治五年に設立された近代学校の教員養成機関の名称をなぜ「師範」学校としたのか。しかも、「エコールノルマール」の「ノルマール」を師表と訳し、師表学校という名称で設立寸前にあったものを変更までして「師範」としたことの意味は、いかにである。江戸時代までに存在した、指南役、師匠、教授、訓導、教諭、教官、教員、教師等々の名称のなかから「師範」という語を選択したのはなぜか。近代教育が、古い教師のあり方を批判し、新しい教師の目標を掲げ欧米化した教育をほどこし、新しい教師の養成を図ったのは周知のとおりである。しかし、結論的にいえば、その新しさは、教師の職能的な学校管理や教授法であって、教師その人は、依然として伝統的教師像においてその人格を描いていたからではないか。模範的な人格、権威的な存在として仰がれていたのが伝統的な教師像であるならば、師範という名称こそ恰好のものであった。つまり、近代学校における欧米の教授法、教師の職能における近代性と、教師その人の人格面における伝統という精神構造の二重性が一人の教師のなかに存在することになるのである（井上、1964）。同様な事例は、数多く存在する。また、「和魂洋才」という言葉や佐久間象山の唱えた「西洋芸術・東洋道徳」という思想にも読み取ることができる。

上記からいえることは、容器としての「近代」とその容器に入り込んだ「伝統」が、その後の日本の近代教育に与えた影響は、計りしれないほど大きいのではないかということである。たとえば、本章の「はじめに」で指摘した教師の言動にもみられるように、欧米を範とした日本の学校のかたちは、欧米化しながら、教師その人の精神構造において、あるいはそこに集う人々（児童・生徒を含め）のメンタリティにおいて伝統を抱き続けたのではないか。であるならば、現代の学校教育やそこでの教育コミュニケーションを考える際に、こうした「近代」と「伝統」のせめぎ合いのなかでの日本的コミュニケーションの意味を再考することが新たな課題となるであろう。

引用・参考文献

秋山　虔（編）1980　新編国語便覧　中央図書
安部崇慶 1997　芸道の教育　ナカニシヤ出版
芭蕉文集　日本古典文学大系46　1959　岩波書店
平櫛田中 1982　岡倉先生 橋川文三（編）岡倉天心――人と思想　平凡社
井伊直弼　茶湯一会集　林屋辰三郎 1972　日本の茶書2　東洋文庫206　平凡社
井上久雄 1964　学制論考　風間書房
川田順造 1992　口頭伝承論　河出書房新社
向井去来　去来抄／服部土芳　三冊子　連歌論集　俳論集　日本古典文学大系66　1961　岩波書店
村松友次 1977　芭蕉の作品と伝記の研究――新資料による　笠間書院　p. 224
日蓮　教機時國抄　昭和新纂、國訳大蔵経　1977　名著普及会
岡倉天心全集 1980　平凡社
岡倉由三郎 1935　次兄天心を語る　日本趣味　第1期第1輯　健文社、25-26.
大岡　信 1975　岡倉天心　朝日新聞社
世阿弥／禅竹　日本思想大系24　1970　岩波書店
高村光雲 1970　高村光雲懐古談　新人物往来社
板谷波山 1961　美術学校時代の岡倉先生　国華835　国華社、437-477.
山上宗二　山上宗二記　林屋辰三郎 1971　日本の茶書1　東洋文庫206　平凡社
山本健吉 1978　芭蕉　松尾芭蕉　河出書房新社　p. 12
安田靫彦 1961　晩年の天心先生　国華835　国華社、478-485.
森川許六（選）宇陀法師

コラム

「学校」という名称

最初にクイズを出してみます。一八七二年の「学制」により日本の近代公教育がスタートし、各地に(尋常)小学校・中学校ができますが、それまでに「学校」という名称をつけた教育機関は、いくつあったでしょうか(答えは、後ろに)。

近世江戸の社会は、さまざまな教育機関(藩校、私塾、寺子屋、郷校等々)が出現し、その結果、十九世紀にはわが国の識字率が世界のトップにあったことはよく知られているとおりです。幕末に彦根藩が藩校(弘道館)に学校という名を冠しようとしますが、幕府はこれを「僭越至極」であると難じます。大老、井伊直弼を生んだ徳川家譜代大名の彦根藩でさえ「学校」の名は許されなかったのです。唯一、幕府直轄学校たる昌平黌(昌平坂学問所、黌は学校の意)だけがその名を冠することができたのです。昌平黌設立以前に既存であった、足利学校と閑谷学校はお咎めなしでした。という訳で答えは3校でした。

江戸時代には「学校」の名は一般的に使用されることがなかったことを記しました。ご承知のごとく、英語のスクール、独語のシューレ、仏語のエコールなどの語は、ラテン語のスコラに語源があります。スコラ(schola)とは暇、閑暇という意味です。つまり、欧米の「学校」は、暇、閑暇を持て余した古代貴族たちが談論風発するところに由来しているといえます。一方、「学校」という漢字は、現代風にいえば、筆とノートを手にした子どもが柵に囲まれた聖なるところ、という意味になります。ラテン語圏と漢字圏での「学校」の語義の由来の違いがみえてきます。そういえば、門、塀に囲まれた「学校」というのも欧米には見当たりません。考えてみれば、公共の建物で塀や門に囲まれたものといえば、刑務所、兵営です。わが国では、これに学校、図書館が該当しました。図書館は、明治三十二年の図書館令までは、「小学校ニ類スル」施設でした。学校のもつ、ある種のいかめしさは、「学校」という名称の起源に起因するのかもしれません。

(参考　佐藤秀夫『学校ことはじめ事典』小学館 1987)

終章　「言語ゲーム」としての教育コミュニケーション

杉尾　宏

はじめに

これまで、教育コミュニケーションという観点から、近代学校の権力関係（序章）、異世代間の相互形成（一章）、相互主体的関係としての対話の可能性（二章）、近代学校の時間割（三章）、省察的実践家としての教師間の授業に関する「語り合い」（四章）、日本の伝統的な稽古論（五章）、について考察してきた。終章では、これらの考察をその根底において支えている教育コミュニケーションの共通の前提＝視点を浮き彫りにしよう。それは、ウィトゲンシュタイン（Wittgenstein, L.）の言語ゲーム論とデリダ（Derrida, J.）のエクリチュール論を手がかりになされるであろう。

一節 「教える―学ぶ」の関係における言語ゲーム

教育コミュニケーションは、「教える―学ぶ」という非対称的な関係における言語ゲームであることを特徴としている。ここで非対称的関係とは、「教える者」と「学ぶ者」とが「知っている者」と「知らない者」という関係のもとで、互いに他者（異質な存在）として現れ、両者の間に共通のコード（規則）が存在しないことを意味する。それは、柄谷（1992）が指摘するように、権力関係と混同されてはならない。命令するにはそのことが教えられていなければならないからだ。このことをウィトゲンシュタインは次のように述べている。

われわれの言語を理解しない者、たとえば外国人は、誰かが「石板をもってこい！」という命令を下すのをたびたび聞いたとしても、この音声系列全体が一語であって、自分の言語では何か「建材」といった語に相当するらしい、と考えるかもしれない。（Wittgenstein, 1976［1953］, 二〇節、p. 28）。

ここで例示されている外国人を、子どもに置き換えてもよい。私の使用する言葉をまったくあるいはほとんど理解できない外国人や子どもに何かを教えても、実に裏切られる場合が多い。それは私と外国人および子どもとの間に共通のコードが存在せず、まさに他者（外国人、子ども）の他者性が露呈するからである。そこでは、「石板をもってこい！」という命令も、それが他者（外国人、子ども）に理解されるかぎりにおいて、命令となる。その意味では、「教える—学ぶ」という非対称的な関係における言語ゲームは「教える者」にとっての他者である「学ぶ者」に依存していることになる。

言語ゲームという概念は、共通の言語コードを前提とした共同体内のコミュニケーションを指すのではなく、それを前提としない他者との間のコミュニケーションを指す。ウィトゲンシュタインは、「言語ゲームは、子どもが言葉を使い始めるときの言語の形態である」（Wittgenstein, 1975［1958］, p. 45）と述べているが、それは共同体内の共通のコードを前提としない、他者との間の言語活動を強調したものであった。

一般に、ゲームは規則によって成立するとされるが、ウィトゲンシュタインは、言語ゲームにおいては、それを背後から動機づけたり、根拠づけたり、導いたりするものは一切ないとして、言語ゲームを外部から、そして前もって導く規則を否定した。事実は逆で、「とにもかくにも言語ゲームが成り立っているという事実が、規則の規則としての存立を後からかろうじて可能にしているのである」（永井、1995, p. 154）。このことについて、もう少し詳しく検討しておこう。

まず、言語ゲームの無根拠性について、ウィトゲンシュタインは次のように述べている。

> 私が根拠づけをし尽くしたならば、私は固い岩盤に達し、私の鋤は跳ね返される。このとき私はこう言いたくなる。「とにかく私はこうやっている」と。（Wittgenstein, 1976［1953］二一七節、永井、1995, p. 155）。

ここで、「とにかく、eben」は、永井（1995, p. 155）が指摘するように、「なにはともあれ」「理屈ぬきに」を指し、変更のできない既定の事実を確認する際に使用される。すなわち私たちは、言語ゲームを行なう際、通常、心のなかに規則を描いてそれに基づいて言語ゲームを行なうわけではない。それでは、言語ゲームを導く規則が否定され、したがって共有すべき規則が否定されたとしたら、何をもって言語ゲームが成立するといえるのだろうか。言い換えると、たとえば、教える人としての私と学ぶ人としての他者との間で、何をもって言語ゲームが成立するといえるのだろうか。繰り返しになるが、それを担保するものは何もないのである。「とにかく」言語ゲームが両者の間で展開され、たまたま両者の間でなんらかの一致がみられたとき、言語ゲームが成立した、と言う以外言いようがないのである。

クリプキ（Kripke, S. A., 1983［1982］, p. 108）は、意図や理由や規則によって導かれたり根拠づけられたりすることなく、言語ゲームが成立した事態を「暗黒の中における跳躍」と呼んだ。これは、柄谷（1992）が指摘するように、商品の交換関係における「命がけの飛躍」（マルクス、Marx, K. H.）に相当する。マルクスは、同じ共同体内における商品の交換関係ではなく、共同体と共同体との間の商品の交換関係を「社会的」なものとして、それを研究の出発点としたとされる。この社会的な交換関係、すなわち異なる共同体に属する売り手と買い手との間の交換関係には共通の規則は存在せず、両者は互いに他者として対峙する。その意味では両者は非対称的関係にある。この社会的な非対称的な交換関係において、交換が成立し、価値形態（厳密には相対的価値形態）が実現するのは、「命がけの飛躍」であるというのである。「暗黒の中における跳躍」も「命がけの飛躍」も共通の規則が欠けた非対称的な関係にもかかわらず、言語ゲームや交換が成立するその神秘性を強調したものである。

それでは、「教える─学ぶ」の言語ゲームにおいて、「暗黒の中における跳躍」は我々に何を示唆しているのであろうか。

ウィトゲンシュタインは『哲学探究』一三九節および一八五節で言葉や数字等（記号）が多様な意味に解釈され得ることを述べている。前者では、「立方体」という言葉は、「三角プリズム」に解釈（投影）され得ることを示したものである。後者は「＋二」という数列の学習で生徒が教師とは異なる解釈をなし得る可能性を示したものである。たとえば、百までは、零、二、四、六、……と書いていた生徒が、百を越えると突然、百、百四、百八、百十二……と続けた。この生徒は教師のそれまでの説明から自然と、「＋二」を百までは二を、二百までは四を、三百までは六を足していくというように解釈した、と思われるという。このように、一つの同じ記号（言葉や数字等）は多様な意味に解釈され得るのであり、一定の意味をそれ自体において内包しているのではない。そうであるとするなら、他者はさまざまな意味をもって私の行動をいくらでも解釈できる。たとえば、二＋三＝五という私の計算に対して、懐疑論者が現れ、それは六であるはずだと主張できる。「＋」という記号を「かける」という意味（規則）で懐疑論者は解釈したのである。私がセントラルパークで見たduckからその直示的定義（直接ものを見て獲得した言葉の意味＝規則）を学び、それに基づいてそれ以外の所でduckという言葉を使ったとしたら、懐疑論者はそれはduckogであったはずだと主張できる。duckogはセントラルパークではduckを意味するが、それ以外の所ではdogを意味する（Kripke, 1983［1982］）。

問題は懐疑論者の懐疑に対して私は反駁できないということである。それは、一言でいえば私の心の歴史においても、また私の外的な行動においても、それに反駁できるような事実がないということである。そうだとすると、他者のこうした懐疑はどのように解決されるのであろうか。それは、私にとって「意味する」こと——先の例でいえば、数字や「＋」という記号のさまざまな意味——が、最終的には、言語ゲームにおいて、他者にとっても「意味する」ものとして他者によって認められたとき、言語ゲームが成立したとみなすことである。したがって、私にとって「意味する」ことと他者のそれとが一致したと——自他の「意味する」ことの一致は、通常、行為・行動の一致として現れる——他者によって認められたかぎり、言語ゲームが成立したと言わざるを得ない。「暗黒の中の跳躍」とはこの「意味する」ことの偶然的＝奇蹟的な一致の他者による承認なのだ。意味＝規則は言語ゲームにおいて言語ゲームが成立するかぎり見い出されるのである。

「どのような行動のしかた」も、たとえば、二＋三＝五という計算も、二＋三＝六という計算も「その規則（「加える」あるいは「かける」という規則）と（後から）一致させることができる」から、「規則はいかなる行動のしかたも（前もって）決定できない」（Wittgenstein, 1976 [1953], 二〇一節、p. 162　括弧内は杉尾による）。しかし、これは、同時に「規則に〈私的に〉従うことができない」（Wittgenstein, 1976 [1953], 二〇二節、p. 163）ことを示している。「加える」「かける」という意味＝規則はそれぞれ異なった人が個別的＝私的に思念（解釈）した意味＝規則であり、しかもそれぞれの意味＝規則は互いに排除し合う。その意味で私的な規則に従うことはできない。したがって、ウィトゲンシュタインが「それゆえ、〈規則に従う〉ということは一つの実践である」（Wittgenstein, 1976 [1953], 二〇二節、p. 163）と述べるとき、そこでの規則は言語ゲーム＝言語実践以前に想定されるものではなく、言語ゲーム＝言語実践が展開されるなかで、私にとって「意味する」ことが他者にとってのそれと一致したと他者が認めたときの、すなわち言語ゲーム＝言語実践が成立したときの、まさにその実践を指すものといえよう。規則をこうした文脈で把握するとき、「規則に従っているとき、わたしは選択をしない。わたしは規則に盲目的に従っているのだ」（Wittgenstein, 1976 [1953], 二一九節、p. 171）の意味が了解できよう。それは、言語ゲーム＝言語実践を言語ゲーム＝言語実践の外側から、しかも前もって根拠づけ導く規則を否定したもので、「とにかく」「盲目的に」言語ゲーム＝言語実践を展開することが、「暗黒の中の跳躍」を通して、規則に従っていることになるのだ、とウィトゲンシュタインは言いたいのであろう。

これまで、「教える―学ぶ」という非対称的な関係における言語ゲーム＝コミュニケーションについて考察してきた。そこでは、教える者と学ぶ者との間の共通のコード＝規則は前提とされず、両者は互いに「他者」として現れることをみてきた。しかしながら、これまで、教育、コミュニケーションが語られる場合、共通のコードが暗黙の前提とされることが多く、他者としての子どもの他者性が明確に意識されることは少なかった。他者の他者性の認識の弱さは教育学の分野にみられるだけではなく、デリダ（Derrida, J. 1970［1967］）によると、西欧哲学およびその影響下の言語学においても、このことは当てはまるという。たとえば、ソシュール（Saussure, F. M. de）の構造主義言語学は、フッサール（Husserl, E.）と同様、「自己への現前」としての「自分が話すのを聞く」という話す＝聞く立場をとったという。ここでは話す主体＝聞く主体であり、両者の他者性は排除されていたという。本書二章で取り上げられたガダマー（Gadamer, H-G.）やハーバーマス（Habermas, J.）はどうであろうか。ハーバーマスのコミュニケーション的行為では同じ生活世界（同じコード）に属する人の言語ゲームを前提としていないか、妥当要求を掲げてコミュニケーション的行為に参加する者はすでにコミュニケーション的合理性を支えるべき一定の知性を前提としていないか。他方ガダマーが「地平の融合」といった場合、異なる地平（コード）にある人の言語ゲームが問題にされていることになる。それではどのようにして、「地平の融合」はなされるのか。それは「暗黒の中の跳躍」としてやはりブラック・ボックス（神秘）なのであろうか。本書一章で考察された「異世代間の相互形成」は、相互の他者性を前提に、いかに相互作用（言語ゲーム）を通して両者が成長発達していくかを詳細に論述している。

「教える—学ぶ」という非対称的関係における言語ゲームで見落とされてならない重要なことは、教える者にとって「意味する」ことが最終的には学ぶ者にとっても「意味する」ものと、学ぶ者によって承認されたとき、言語ゲームが成立したとみなす視点である。すでにみてきたように、学ぶ者は教える者にとって「意味する」ことを他者としてかぎりなく疑うことができる。にもかかわらず、最終的には教える者にとって「意味する」ことを自分（学ぶ者）にとっても「意味する」こととして認めていく。この過程はまさに「暗黒の中の跳躍」である。しかしながら、このことは次のことを示唆している。すなわち、意味＝規則は言語ゲームの外側で超越的なものとして言語ゲームを前もって根拠づけたり導いたりするのではではなく、言語ゲームにおいて、「暗黒の中の跳躍」を通して形成され、言語ゲームの成立からふり返ったときにみえてくるものである、ということである。このことの意味は大きい。近代教育学は、近代理性の現実形態とされるさまざまな規則——たとえば、数学・物理学等の学問上の定理や公式、言語学上の規則・文法、法律、道徳等、広範な領域を包括する。これらの規則は、該当する領域のあらゆる経験に適用可能であるとみなされる点で普遍性を、また諸経験を前もって規定することが可能であるとみなされる点では先験性・超越性を有する（大澤、1995）。——に従うことを目的とした個人モデルであった。然るに、ウィトゲンシュタインの言語ゲーム理論はこれを根底から覆すものである。「規則は行為を決定できない。いかなる行為の仕方もその規則と一致させることができるから」（Wittgenstein, 1976［1953］, 二〇一節）、ウィトゲンシュタインおよびクリプキは、このパラドックスを、ある人にとって「意味する」ことが他者のそれと一致していると他者によって認められた場合にのみ、ある人の「意味する」ことは「規則に従っている」と言える、とみなすことにより解決しようとしたのである。このように、ウィトゲンシュタイン―クリプキの言語ゲーム論は、普遍的・先験的・超越的な意味や規則を否定して、「教え―学び」の言語ゲームのなかで、意味や規則が構築されていくことを明らかにしようとした点で注目される。

二節　教育コミュニケーションにおける「跳躍」

「教える―学ぶ」の関係における言語ゲーム＝教育コミュニケーションは、教える者にとって「意味する」ことが学ぶものにとっても「意味する」こととして学ぶ者が認めたとき、成立したとみなすと述べてきた。この「意味する」ことの教える者と学ぶ者の間の一致を学ぶ者が承認することを指してクリプキは「暗黒の中の跳躍」と述べた。ここでは、この「暗黒」（ブラック・ボックス）を解き明かし、「跳躍」の意味を検討してみよう。この問題に接近するための手がかりとしてレイヴ（Lave, J.）とウェンガー（Wenger, E.）の「正統的周辺参加（legitimate peripheral participation）」の論とベイトソン（Bateson, G.）の学習理論を参考にすることにする。

レイヴとウェンガーは、産婆、仕立屋、操舵手、肉屋における徒弟的関係に注目し、そこで新参者（徒弟）が「状況的な学習（situated learning）」を通して、すなわち「世界の意味についての状況的な交渉（situated negotiation）」（Lave & Wenger, 1993［1991］, pp. 51-52.）を通して、共同体の成員になっていく過程を描いている。共同体内には状況ごとにさまざまな意味（知識、技術、規則等）が埋め込まれており、新参者はそうした状況に参加することを通して共同体の成員になっていく。ここでは、親方の教える行為は少なく――教える行為がまったくないというのではない――、徒弟自らが実践共同体に参加し学習していくことが強調されている。徒弟制をとる伝統的な共同体では意味は状況に埋め込まれており、そのため状況を離れた言語ゲームを通して伝達することは困難であった。ここでは、親方と徒弟との間の意味の一致は徒弟の状況への参加＝学習を通して自然と保証されていた。すなわち、意味の埋め込まれた状況が両者を媒介するのである。

こうした学習は日本の伝統芸能にもみることができる。弟子は、親方の「型」をそれがおかれたコンテクストに結びつけながら見よう見まねで学習する。しかし、日本の伝統芸能の稽古論で重視され、かつ弟子を混迷の淵に立たせるのがそれから先のことである。弟子は何年かするとたしかに一定の型を修得する。しかし、親方は弟子が一定の型を修得した頃、弟子の演技を見て「だめだ」と言ってカスを食わせる。奥村（長谷・奥村，2009）は、親方のカスを契機に新境地――「型」を出て自己固有のわざの世界――へと跳躍する弟子の姿を、文楽の吉田文五郎の「文五郎芸談」（吉田，1943）を引用しながら次のように紹介している。

文五郎が玉助に弟子入りして三～四年目の頃、『戻り駕』の治郎作という役を遣ったが、ある場面を師匠が気に入らず毎日毎日カスを食わされて下駄で蹴られる。ついに十日目に、腹立ちまぎれに、今日蹴られたら「舞台で師匠の足をひっくり返して、芝居をわやにして逃げ出したろ」と決意する。舞台に出ると、師匠の「威」にちぢこまりそうな気持ちになるが、心を引き立てて力み返って用意をし、「血ばしった眼、ぶるぶる震える手で、治郎作の足を力いっぱいつかみながら、（中略）トン、トン、トーンと床も割れよと踏みしめて、最後の極まりのところで、思いざまぎゅっと力を入れて、トーンとぶっつけました」。そこで師匠の下駄をつかんで師匠をひっくり返そうとすると、「これはまた思いきや、『うまい』と師匠が底力のある小さい声で、私を褒めてくれました。」（長谷・奥村，2009, pp. 239-240.）

文五郎は師匠の「うまい」の一言に「夢に夢見る心地で、ぼーっと」となりながら「やはり今日までのは、自分の力が足りなかったのだ、死に身にならなかったのだ、型ばかりで、魂が入っていなかったのだ、師匠が人形にそそぐ懸命の気分が、私の拙い足から脱けていたのだ、叱られたのは無理はない。わかった、わかった」（吉田，1943, pp. 263-264.／長谷・奥村，2009, p. 240）と悟ったという。ここに、本書五章で取り上げられた「時と機」をわきまえた師匠の巧妙な戦略、「啐啄同時」をみることができる。

日本の伝統芸能の「型」の模倣まではレイヴとウェンガーの「正統的周辺参加」で説明できるが、それから先の新境地の段階はそれでは説明できない。そこでこの新境地へ跳躍する過程を説明するために、ベイトソンの学習論を参照することにする。ベイトソンは、学習をラッセル（Russell, B. W.）の論理階型理論に倣ってゼロ学習、学習Ⅰ、学習Ⅱ、学習Ⅲ、学習Ⅳという階型に分類した。ゼロ学習はある刺激に対する反応が生得的であろうと経験的であろうと一定している状態――たとえば無条件反射のように――を指し、その意味では本来の学習ではないので、また学習Ⅳは「地球上に生きる（生体の）有機体が、このレベルの変化に行きつくことはないと思われる」（Bateson, 2000［1972］,

p. 399）ので、ここでは説明を省略する。学習Ⅰは、パブロフ的条件づけや道具的条件づけのような既定のコンテクストにおいて一定のメッセージ――たとえば、ベルの音＝餌というメッセージ――を学び取ることを指す。近代学校における主たる学習階型はこの学習Ⅰであるが、そこで伝達されるメッセージは「コンテクストから切り離されて、一般化された形で呈示される」（長谷・奥村、2009, p. 249）ことが多い。学習Ⅱは、徒弟の正統的周辺参加にみられるように、意味の埋め込まれたコンテクストから学習する階型である。ここでは、次から次へと推移していくコンテクストから、各コンテクストに埋め込められた意味を換言すると、各コンテクストがどのような場面であるかその意味を――たとえば、このコンテクストはパブロフ的条件づけの実験場面であるというように――学習する。そこでは、学ぶ行為が全面に出る。すでに述べたように、日本の伝統芸能の「型」までの学習も学習Ⅱに該当する。「型」はそのコンテクストに埋め込まれているからである。学習Ⅲは、学習Ⅱで「身にしみついた前提（習慣）を引き出し、問い直し、変革を迫る」（Bateson, 2000［1972］, p.414　括弧内は奥村による。長谷・奥村、2009, p 244）学習である。

ベイトソンは、学習Ⅱで身にしみついた前提を問い直す状況として、有名な「ダブル・バインド」の状況を導入する。たとえば、セラピストは「治療的ダブル・バインド」として、患者がそれまで学習Ⅱで身につけた前提と矛盾した前提を投げかけ、もとの前提がどれほどばかげたものかを誇張やカリカチュアで示すという。この治療的ダブル・バインドはうまくいけば、「自己の根本的な組み変え」をともなうという（Bateson, 2000［1972］, p. 413）。

日本の伝統芸能の新境地への跳躍はベイトソンのいう学習Ⅲに当たるだろう。日本の伝統芸能ではダブル・バインド状況は「非透明」（生田、1987）な状況として現出するという（長谷・奥村、2009）。つまり、師匠の弟子に対する評価は「ダメだ」「そうじゃない」「（本人はこれまでと同じだと思っているのに）それでいいんだ」とストレートではあるが、その根拠や理由は一切示されず非透明であるという。また、師匠が言葉で弟子に指示する場合でも「わざ言語」といわれる比喩――たとえば、「口で言わずに腹でいうのだ」――が使用され、わかりにくいという。こうした非透明な状況は、それまで学習Ⅱによって身につけてきた型に混乱を引き起こし、それらを根底的に問い直す契機をもたらすという（生田、1987／長谷・奥村、2009）。

これまで、日本の伝統芸能に筆者がこだわって考察してきたのは、師匠―弟子という非対称的な関係のなかに、「暗黒の中の跳躍」、すなわち教える者にとって「意味する」ことが学ぶ者にとっても「意味する」こととして学ぶ者に認められるという偶然＝奇蹟を典型的にみることができるとみなしたからである。その際、それまで身につけてきた「型」を根底的に問い直す契機となるのは、ダブル・バインド状況＝「非透明」な状況であることを指摘してきた。しかしながら、これまでの考察からわかるように、ダブル・バインド状況＝「非透明」な状況は、これまで身につけてきた「型」を根底的に問い直す契機を与えるものの、必ずしも、自己固有のわざの世界＝新境地へと導くものではない。学習Ⅲが新境地への「跳躍」を可能にするものだとすれば、ダブル・バインド状況＝「非透明」な状況の外に何か別の契機が内在しているものと思われる。

ベイトソンは、アルコール依存症者に関して、「霊的体験」によって、アルコール依存症者の認識世界が「激しい対称型から、純粋なまでの相補型へと、劇的に変貌していく」（Bateson, 2000［1972］,

p. 326）と述べたが、そこには先の問題を解く糸口があるように思われる。ここで「霊的体験」とは、「無名のアルコール依存症者たち（Alcoholic Anonymous）」（以下、ＡＡと呼ぶ）という一九三五年以来アメリカを中心に世界中に拡がったアルコール依存症者に対する自助団体、すなわち「アルコール依存症から回復するように手助けしたいという共同体」で試みられてきた体験である。ＡＡには、「十二のステップ」があるが、そこでは、以下のように、「自分を超えた大きな力」あるいは「自分なりに理解した神」＝「霊的」なものへ自己をゆだねることが強調されている。

①私たちはアルコールに対して無力であり、思いどおりに生きていけなくなっていたことを認めた。
②自分を超えた大きな力が、私たちを健康な心に戻してくれると信じるようになった。
③私たちの意志と生き方を、自分なりに理解した神の配慮にゆだねる決心をした。
④恐れずに、徹底して、自分自身の棚卸しを行ない、それを表に作った。
⑤神に対し、自分に対し、そしてもう一人の人に対して、自分の本質をありのままに認めた。
⑥こうした性格上の欠点全部を、神に取り除いてもらう準備がすべて整った。
⑦私たちの短所を取り除いてくださいと、謙虚に神に求めた。
⑧私たちが傷つけたすべての人の表を作り、その人たち全員に進んで埋め合わせをしようとする気持ちになった。
⑨その人たちやほかの人たちを傷つけない限り、機会あるたびに、その人たちに直接埋め合わせをした。

⑩自分自身の棚卸しを続け、間違ったときには直ちにそれを認めた。
⑪祈りと黙想を通して、自分なりに理解した神との意識的な触れ合いを深め、神の意思をしること、それを実践する力だけを求めた。
⑫これらのステップを経た結果、私たちは霊的に目覚め、このメッセージをアルコホーリクに伝え、そして私たちのすべてのことにこの原理を実行しようと努力した。

（ＡＡ日本出版局、2005, pp. 85-86.）

霊的な体験、すなわち、「自己を超えた大きな力」「自分なりに理解した神」への帰依を通してアルコール依存症者の認識世界が「対称型」から「相補型」へ変貌するとはどのようなことを意味するのであろうか。ここで、「対称型」「相補型」とは、コミュニケーションにおける関係のパターンをも指す。「対称型」は、軍事競争、隣人間の見栄の張り合い、スポーツ競技、ボクシング・マッチのように、対等な関係のもとにおける競争的あるいは敵対的な関係を指す。他方、「相補型」は、支配―服従、サディズム―マゾヒズム、養育―依存、見る―見せるのように、非対称的な関係を前提とした相補的な関係である。ベイトソンによれば、アルコール依存症者は「徹底して対称的で、終始分裂生成的な関係に走る」（Bateson, 2000［1972］, p. 441）という。そして、こうした競争的・敵対的な関係のなかで、アルコールに打ち克たねばならないという「アル中的プライド」をもったパーソナリティが形成されていくという。ここでは〈自己対アルコール〉（安川、2006）という認識の仕方（対称型）がとられている。しかし、現実には酒に打ち克つことはできず、発作、酩酊時の記憶の喪失、夫婦関係の破綻、失職等の「どん底」の経験を繰り返すなかで、その「どん底」経験を契機に、酒には克てない、酒とともにある自己——酒と自己との相補的関係——に気づくようになるという。こうした〈自己＋アルコール〉（安川、2006）という気づき（認識）は、「どん底」経験を契機に「自分を超えた大きな力」「自分なりに理解した神」に自己をゆだねることによって可能になるという。

安川（2006）は、アルコール依存症者の認識世界の対称型から相補型への跳躍をベイトソンの学習階型と結びつけて説明している。対等な関係を前提とした競争的・敵対的関係（対称型の関係）から生まれた〈自己対アルコール〉という認識の仕方（対称型）は学習Ⅱに、それに対して、「どん底」経験を契機に「自分より大きな力」「自分なりに理解した神」との相補的関係のなかから生まれた〈自己＋アルコール〉という認識の仕方（相補型）は学習Ⅲに該当するという。ここからわかるように、学習Ⅲの成立には「どん底」経験と「自分より大きな力」「自分なりに理解した神」の承認が介在している。同様に、日本の伝統芸能における新たな境地——自己固有のわざの世界——への跳躍も学習Ⅲに該当するが、そこには同様な経験と同様な力が介在していると思われる。ここで、同様な経験とは「ダブル・バインド」状況の経験＝「非透明」な状況の経験である。同様な力とは師匠の権威である。

次から次へと変化していくコンテクストに埋め込まれている「型」を見よう見まねで学習（学習Ⅱ）しているときには、師匠と弟子との非対称的関係は意識されることは少ない。なぜなら、両者の間を同じコンテクストが介在するからである。しかし、師匠の非透明な否定的評価で始まる「どん底」経験、すなわち「ダブル・バインド」状況の経験＝「非透明」な状況の経験は、師匠と弟子との非対称的な関係を弟子に意識せしめる――文五郎が師匠に反感を抱いたように――。この緊張した危機的状況から弟子を救出し新たな境地へと跳躍せしめる契機となるのが師匠の肯定的な一言である――文五郎は「うまい」と師匠から一言いわれる。ここでは、師匠の肯定的な一言が師匠の権威の承認を弟子から引き出している。この師匠の一言はブルデュー（Bourdieu, P.）のいう「象徴権力」（序章を参照）には当たらない。象徴権力は「力の諸関連」を隠蔽するためのものであるが、ここでの師匠の一言は、「力の諸関連」を隠蔽するというより、弟子から師匠の権威の承認を引き出すことにより、両者間にいわゆる「相補的関係」を生み出す契機となっている。

以上、教育コミュニケーションにおける「跳躍」をめぐって考察してきた。その際、この「跳躍」がベイトソンの学習階型Ⅱ（正統的周辺参加）およびⅢを前提としていることを指摘した。そうすると、本書三節で取り上げられた「時間」の問題の重要性もこの文脈で理解できよう。学習階型Ⅰの支配する近代学校ではコンテクストから切り離された一般的知識（意味・規則）を一定時間内にいかに効率的に伝達できるかという時間の有効利用としての時間分割が問題となるが、新教育・進歩主義教育はある意味では近代学校に学習階型ⅡとⅢのある側面を、すなわち、コンテクストと結びついた知識、「跳躍」としての学習、教える者と学ぶ者との葛藤等を取り入れようとするものであったと思われる。いずれにおいても「時間」概念の見直しを迫るものであった。このことは、たとえば、「跳躍」が一種の偶然＝奇蹟であることを想起すれば了解できよう。それは時間分割で「期待」できるものでなく、ひたすら「待機」するしかないのである。他方、本書四章で取り上げられた問題、すなわち、教室で「いま」「ここで」で生成されていく言語的相互作用を多層的文脈で記述していくことの重要性も、教育コミュニケーションにおける「跳躍」の観点からみえてくるだろう。教室では、学習階型Ⅰ、Ⅱ、Ⅲが刻々と入れ乱れながらあるいは重なり合いながら進行するが、「省察的実践家」としての教師はこれらの学習のコンテクストを「跳躍」の観点から一つひとつ紐解き、それらの全体構図を描く必要があろう。その一つの方法として授業に関する教師間の「話し合い」が存在する。

三節　エクリチュールとしての教育メディア

教育コミュニケーション論の重要な課題として、どのようなメディアをどのように使用するかという問題がある。

マクルーハン（McLuhan, M.）は、「メディアはメッセージ」（McLuhan, 1987［1964］）という誤解を招きやすいキャッチ・フレーズで有名になったが、それは、要するに、記号表現の質料としてのメディア（声、文字、活字、電気音、電気光等）であろうと、そうした質料としてのメディアを受容・再生する装置としてのメディア（新聞、ラジオ、テレビ、電話、パソコン等）であろうと、メディアが我々の感覚秩序、言説編成、人との関わり方、ふるまい方等に、すなわち、我々の身体の「世界への関わり方」に、影響を及ぼすことを比喩したものであった（吉見、1994）。

近代以前の子どものメディアは身体あるいは声（声としての言葉、口承的メディア）であった。彼らは労働（日本では、草刈り、田植え、稲刈り等）や遊び（日本では、お手玉、竹馬、鬼ごっこ等）において身体を介してモノや他者にはたらきかけながら、身体にさまざまな経験を刻み込んだ。他者との関わりも、「馬乗り」（遊び）に典型的にみられるように、身体と身体との触れ合いが多くみられ、身体自身が媒介項であり被媒介項でもあった。また、柳田國男が日本の村の伝統的な教育として指摘した「笑いの教育」や「諺」（柳田、1938）は、話し言葉（口承メディア）による「声の文化」（オング、Ong, W. J., 1991［1982］）を象徴するものであった。このように、近代以前の伝統的社会の子どもは、身体および声を介して、労働や遊び、および直接的対面状況に関わっていき、経験を積み重ねていった。

近代になると、主として学校を通して、文字（筆記メディア）と活字メディアが普及する。筆記は、自己の経験世界を、「いま、ここ」を離れて分析的に思考することを可能にするとともに、線状的な視覚空間上に再構成することを可能にした。とくに、近代日本の学校教育（初等教育）では、「作文」や「綴り方」が重視されたが、それらは自己の生活世界を見つめ直す重要なリテラシーをなしていた。「声の文化」（口承文化）では、人々の思考は記憶しやすい決まり文句（諺や笑いのように）で組み立てられ、人々の認識世界は決まり文句で織り成されていたが、それは、決まり文句によって制限され枠づけられた思考および世界にすぎなかった（Ong, 1991［1967］／吉見、1994）。他方、近代学校における教科書の普及は、「国民」「国民国家」「国民文化」の形成に大きく貢献したが、それはグーテンベルク（Gutenberg, J.）の複製技術、すなわち活字印刷が同じ記号を同じ均質の視覚空間に大量かつ迅速に複製することを可能にしたからである。しかしながら、活字メディアは、他方では、マクルーハンが指摘したように、「経験を連続体として線形に把握してゆく習慣」（McLuhan, 1986［1962］）を常習化し、視覚による経験の均質化をもたらすとともに、五感が織り成す複雑な感覚複合を背後に押しやったという。たしかに、こうした活字メディアに対する否定的な見解もあるが、メディアをシンボル交換の様式から考察したポスターによると、活字メディアは「読む」行為の普及を促進するとともに、記号の再現＝表象化を意味する「読む」行為を通して、「自立的な行為者」、「自己の中心化」をもたらしたという（Poster, M., 1991［1990］）。

近年、すなわち、情報化社会・消費社会の到来以降――日本では一九七〇年代半ば以降――、電子メディアの普及は目覚ましい。最近では、子どもは、生まれたときから、メディア環境のなかにあるといって過言ではない。彼らは、日常、ラジオ、テレビ、コンピュータ、電話、携帯電話、CD、DVD等に取り囲まれ、教室ではマルチ・メディアを利用したCAI（Computer Aided Instruction）によって学習する。最近、携帯電話をもった小学生は珍しくない。最新のゲームソフトを購入しコンピュータ・ゲームに興じる子どもの姿はごく平均的な姿である。インターネットにおける掲示板やチャットへの参加、自己のホームページの開設、こうした出来事は子どもの世界ではあたりまえの出来事となりつつある。

こうしたメディアの氾濫に対しては、これまで研究者の間でも多くの批判がなされてきた。たとえば、映像メディアの浸透性・脱文脈性を指摘するもの（藤田、1991）――映像メディアは文脈を欠いたまま子どもの身体に即時的／即自的に浸透しやすいので、冷静な現実判断を鈍らせる――、そうした映像メディアや通信メディアの与える情報のコンサマトリー化（自己充足化／現時充足化）を指摘するもの（藤田、1991）、メディア上の自己と実身体としての自己との同一化と転倒――たとえば、コンピュータ・ゲームを操作している実身体としての自己とゲーム上の自己とが同一化し、やがてゲーム上の自己が真の自己として現実を支配する――を指摘するもの（大澤、1995／成田、1997／室井、1991）と、種々さまざまである。ポスター（1991［1990］）の電子メディアに対する批判は痛烈で、電子的な情報交換（たとえば、ネット上の情報交換）においては、自己は脱中心化し、散乱し、連続的な不確実性のなかで多数化するとしている。脱文脈化された言葉の自己準拠的な戯れのなかで、自己は流転し、脱中心化するというわけである。

今日、メディア批判を牽引しているものとして、一九八八年に起きた連続幼女殺人事件、一九九七年に起きた神戸連続児童殺傷殺人事件（「酒鬼薔薇事件」）、二〇〇四年に長崎県佐世保市で起きた同級生殺人事件、をめぐるマスメディアの言説がある。いずれの事件にもニューメディア（電気を媒体とする映像メディアや音声メディア）が介在し、それが事件の誘因となったというのがマスメディアの支配的言説となっている。たとえば、一九八八年の連続幼女殺人事件では加害者がホラー映画のマニアであったこと、一九九七年の神戸児童殺傷事件では加害者がテレビアニメや漫画の愛好家であったこと、二〇〇四年の長崎県佐世保市同級生殺人事件では加害者が中学生の殺し合いを描いた映画『バトル・ロワイアル』を模した自作の小説を自分のホームページに掲載していたこと、加害者と被害者との間でインターネット上のやりとりがあったこと、等が明らかにされ、それらが事件の直接、間接の原因・誘因となっているというのがマスメディアの支配的な論調である。

こうしたマスメディアのニューメディア批判の論調には、批判のための共通の準拠枠とその準拠枠を支える思想を読み取ることができる。ここで、批判のための共通の準拠枠とはニューメディアが「仮想現実」「擬似環境」を作り出すということ、そうした「仮想現実」「擬似環境」は本来歪んだ現実、歪んだ環境であるということ、である。そして、そこには、「本当の現実」「本当の環境」が存在すべきであり、そうした本来の現実・環境においてこそ人間は真実に生きられるという思想（哲学）が読み取れる。さらに、仮想現実／真の現実、擬似環境／真の環境、という二項対立は、間接経験／直接経験という二項対立に転移する。すなわち、身体と声（語り言葉）をメディアとした直接経験の場こそが真の現実、真の環境であり、ニューメディアが作り出す世界は間接的な経験の場にすぎないとされる。

それでは、身体と声をメディアとする直接経験の世界こそ真実の世界であるという思想はどのようにして形成されてきたのであろうか。これこそ、「現前の形而上学」として古代ギリシャ以来西欧思想を支配し続けてきたものであり、デリダが脱構築しようとしたものである。デリダが『声と現象』で述べたように、西欧の思想界では、身体（舌）から発せられた声（フォーネ）の言葉（パロール）は、いかなる迂回路をとることなく聴取者の身体＝感覚器官―意識に直結するため、語り手の意識（魂）そのもとして現前し、ロゴス（真理、ギリシャ語の「レゲイン」＝「語ること」に起源をもつ）そのものである、と考えられてきた（Derrida, 1970［1967］）。要するに、パロールにおいては、発話者の「言わんと欲すること（vouloir-dire）」がそのまま発話者ならびに聴取者の意識に現前するというのである。デリダは、西欧の形而上学が声としての言葉と書かれた言葉（エクリチュール）とを対比しながら、エクリチュールはロゴスとしてのパロールからみると派生的・付加的なものにすぎないとみなしてきたことに注目する。彼は、プラトン（Platon）の対話篇『パイドロス』におけるソクラテス（Sokrates）とパイドロス（Phaidros）の対話を分析しながらエクリチュール論「プラトンのパルマケイアー」を展開し、エクリチュールはパルマケイアーが処方する「パルマコン」であるこ とを明らかにする（高橋、2003）。パルマコンとは、治療薬でもあるが毒薬でもある、治療薬とみえながら毒薬である。エクリチュールはそうした両義性・虚偽性・擬似性をもったパルマコンと同じ性格をもった紛いものである、これが西欧思想界に浸透しているエクリチュール観である、というのである。かくして、身体と結びついた直接経験、身体と直結した語り言葉（パロール）こそ、真実であるという思想が西欧界を長い間支配してきたのである。デリダからみれば、ルソーも、ソシュールも、フッサールも然り、彼らはパロール＝ロゴス中心主義に立った思想家なのである。

これまでの考察からわかるように、声としての言葉（パロール）および身体と直結した経験が真実の言葉であり真実の経験であるという思想は、エクリチュール（筆記文字・活字としての言葉）との対比で形成されてきた。然るに、近年のメディア批判は、ニューメディアには向けられるものの、書き言葉としてのエクリチュールには向けられていない。虚偽性や擬似性という点ではエクリチュールもニューメディア（パソコン通信や携帯電話等の電子メールや電気が創出する映像・音声メディアの情報）も同じである。エクリチュールは、「現前の形而上学」によれば、文字や紙等の介在物によって発話者の魂・意識――「言わんと欲すること」――が阻まれ、それから隔てられた虚偽の言葉である。それにもかかわらず、いわゆるエクリチュールに批判の矛先が向けられないのはなぜなのか。一つには、エクリチュールは、西欧思想界では、真実の言葉ではないと批判されてはきたが、一般社会では、その永続性と広範な伝達可能性のゆえに、聖職者、ブルジョア、知識階級といった支配的階級の言葉として浸透してゆき、しかも十九世紀後半以来、国民教育制度の普及にともない国民一般の言葉として定着するようになると、その疎遠性が、すなわち意識との直接性を阻む媒介性が国民の意識から消えていったことが考えられる。

教育コミュニケーションのメディアを考える場合、もはやニューメディアを除外して考えることはできない歴史的段階にきている。そして、語り言葉（パロール）／書き言葉（エクリチュール）／ニューメディアというこれまでの区別を考え直す段階にきているのではなかろうか。この区別を脱構築するものとしてデリダの「差延」および「散種」という概念がある。デリダによれば、声としての言葉（パロール）のみが真実の言葉として意味同一性を保証されているのではない。パロールも含めてすべての記号――エクリチュールおよびニューメディアの映像・音声記号――は、「言わんと欲すること」（意識―意図）から断絶した、差延の結果であり、コンテクストからコンテクストへと断絶と接木（引用・模倣）を繰り返しながら新たな意味を獲得していく散種でもある。その意味ではあらゆる記号の意味は固定することはなく、不確定で規定不可能である。すべての記号（およびそれによって表される現象）は、あること・あるものがあること・あるものとして他の何かから差異化された後に生じる、すなわち差延（差異化と遅延化）の結果生じる、あること・あるもののマーク（印影・痕跡）であり、コンテクスト間を断絶と接木（引用・模倣）を繰り返しながら一定の意味を獲得していく散種でもある（Derrida, 2002［1990］／東、1998）。差延の結果としての、あるいは散種としての記号をデリダに倣ってエクリチュールと呼ぶなら、すべての記号はエクリチュールである。「war」という記号は英語のコンテクストでは「戦争」を意味するが、ドイツ語のコンテクストでは「～であった」、「～が存在した」という状態や存在の過去形を意味する（東、1998）。「小川がキラリと微笑んだ」の「小川」はあるコンテクストではさらさらと流れる小川だし、またあるコンテクストでは人の姓かもしれない。「あんたなんか嫌いだ」の「嫌いだ」はあるコンテクストでは文字どおり「嫌い」を意味し、別のコンテクストでは「好き」を意味するかもしれない。散種は記号のコンテクストからの断絶力と新たなコンテクストへの引用・模倣力に基づいている。

このように、すべての記号を差延の結果として、あるいは散種としてみなすとき、近代教育の限界がみえてくる。すなわち、近代教育においては、教育者は、教育者の意図を合理的に実現すべく、被教育者に直接語りかけていくが、活字教材や映像教材と同様に、差延の結果としての語り言葉は教育者の意図とは断絶したかたちで、被教育者のコンテクストにおいて解釈される。かくして、ここで再度、ウィトゲンシュタインの言語ゲーム論の意義が確認される。教育コミュニケーションは、近代教育のように、一定のコードを前提とした、主として普遍的・先験的な意味や規則の合理的・効率的な伝達ではなく、教える―学ぶの非対称的な関係において、一定の意味や規則が奇蹟的に構築されていく言語ゲームであると。いったん教育者の口から発せられた言葉は教育者のコンテクストと被教育者のコンテクストにおいて解釈され、両者の解釈（およびその解釈に基づく意味）が一致することは奇蹟的なことである。まさに「暗黒のなかの跳躍」なのだ。

おわりに

これまで、教育コミュニケーションは、教える―学ぶの非対称的関係における言語ゲームであり、差延としての記号を前提とした言語ゲームであることを述べてきた。これは、要するに、共通のコードを前提とした、意味同一的な知識の合理的な伝達を目的とした近代教育と異なり、言語ゲーム（コミュニケーション）を通して、一定の意味や規則が構築されていくことを強調した言説といえる。この言説が教育コミュニケーション論として実りあるものとして展開するためには、どのようにして一定の意味や規則が構築されるのか明らかにされねばならないであろう。この構築を単なる奇蹟や「暗黒の中の跳躍」で終わらせないためには、教える者にとって「意味する」ことが学ぶ者にとっても「意味する」こととして学ぶ者によって承認されるのは、言い換えると、学ぶ者によって「なるほど」と了解されるのは、いつ、どのような状況で、どのような言語ゲームが繰り広げられていたのかを明らかにする詳細な観察と分析が必要であろう。

引用・参考文献

ＡＡ日本出版局（訳編）2005　アルコホーリクス・アノニマス――無名のアルコホーリクたち　ＮＰＯ法人ＡＡ日本ゼネラルサービスオフィス（ＪＳＯ）
東　浩紀　1998　存在論的、郵便的――ジャック・デリダについて　新潮社
Bateson, G.　1972　*Steps to an ecology of mind*. Chicago and London: University of Chicago Press.　佐藤良明（訳）2000　精神の生態学　新思索社
Derrida, J.　1967　*La voix et phénomène*. Paris: PUF.　高橋允昭（訳）1970　声と現象　理想社
Derrida, J.　1990　*Limited Inc*. Paris: Galilée.　高橋哲哉・増田一夫・宮崎裕助（訳）2002　有限責任会社　法政大学出版局
藤田英典　1991　学校化・情報化と人間形成空間の変容――分節型社会からクロスオーバー型趣味社会へ　現代社会学研究第４巻　北海道社会学会
長谷正人・奥村　隆（編）2009　コミュニケーションの社会学　有斐閣
生田久美子　1987　「わざ」から知る　東京大学出版会

柄谷行人　1992　探求Ⅰ　講談社学術文庫
Kripke, S. A.　1982　*Wittgenstein on rules and private language: An elementary exposition.* Oxford: Basil Blackwell.　黒崎　宏（訳）　1983　ヴィトゲンシュタインのパラドックス――規則・私的言語・他者の心　産業図書
Lave, J., & Wenger, E.　1991　*Situated learning: Legitimate peripheral participation.* Cambridge: Cambridge University Press.　佐伯　胖（訳）　1993　状況に埋め込まれた学習――正統的周辺参加　産業図書
McLuhan, M.　1962　*The gutenberg galaxy.* Tronto: University of Toronto Press.　森　常治（訳）　1986　グーテンベルクの銀河系　みすず書房
McLuhan, M.　1964　*Understanding media: The extension of man.* New York: McGraw-Hill Book Company.　栗本　裕・河本仲聖（訳）　1987　メディア論　みすず書房
室井　尚　1991　情報宇宙論　岩波書店
永井　均　1995　ウィトゲンシュタイン入門　筑摩書房
成田康昭　1997　メディア空間文化論――いくつもの私との遭遇　有信堂高文社
Ong, W. J.　1982　*Orality and Literacy: The technologizing of word.* London and New York: Methuen.　桜井直文・林　正寛・糟谷啓介（訳）　1991　声の文化と文字の文化　藤原書店
大澤真幸　1995　電子メディア論　新曜社
Poster, M.　1990　*The mode of information.* Chicago: Chicago Press.　室井　尚・吉岡　洋（訳）　1991　情報様式論　岩波書店
高橋哲哉　2003　デリダ　脱構築　講談社
Wittgenstein, L.　1958　*Blue and brown books.* Oxford: Basil Blackwell.　大森荘蔵（訳）　1975　青色本・茶色本　ウィトゲンシュタイン全集6巻　大修館書店
Wittgenstein, L.　1953　*Philosophische Untersuchungen.* Oxford: Basil Blackwell.　藤本隆志（訳）　1976　哲学探求　ウィトゲンシュタイン全集8巻　大修館書店
柳田國男　1938　平凡と非凡　柳田國男全集27　筑摩書房
安川由貴子　2006　日常的実践としての学習理論――G・ベイトソンとJ・レイヴ & E・ウェンガーの Alcoholic Anonymous（AA）をめぐる考察を手がかりに　生涯教育・図書情報学研究 vol. 5　京都大学
吉田文五郎　1943　文五郎芸談　矢野輝夫　他（監修）　日本の芸談3　能　狂言　文楽　九藝出版
吉見俊哉　1994　メディア時代の文化社会学　新曜社

コラム　心のつながり

コミュニケーションは、ルーマン（Luhmann, N.）によると、コミュニケーションとコミュニケーションとの時系列的なつながりを重視した概念といえます。このことは、そのつながりが必ずしも人と人との心のつながりを指すものではないことを示唆しています。このことと関連する興味ある出来事として、近年の若者の携帯メールの利用があります。鈴木謙介・辻大介の調査研究（『ケータイは〝反社会的存在〟か？――断片化する関係性』季刊InterCommunication No. 55　NTT出版　2005）によると、（吸わないと落ち着かないタバコ依存のような）ケータイ依存の若者は、「孤独不安や協調不安」が高く、「友人と繋がれなくなっていないかどうかを、実際に繋がってみることによってチェック」する、「いわば、繋がりによる繋がりの再帰的モニタリング」を行なっているというのです。ここには、孤独不安・協調不安（つながりが絶たれることの不安）とケータイ依存との悪循環をみることができます。すなわち、ケータイによるつながりのモニタリングがさらに孤独不安・協調不安を増幅し、それがまたケータイによるつながりのモニタリングを喚起する、というように。

何故なら、ケータイによるつながりのモニタリングは、コミュニケーションのつながりのモニタリングであり、それは必ずしも人と人との心のつながりのモニタリングではないからです。つまり、ケータイによってどんなにコミュニケーションのつながりを確認しようとしても、それは必ずしも心のつながりを確認させるものではないからです。コミュニケーションのレベルと心のレベルは異なるのです。

ルーマンは、二人の心がつながった状態を「構造的カップリング」といいましたが、それはコミュニケーションを通して、互いに自律性を保持したまま親密な関係を築き上げた状態を指すのです。二つの心が絆を結ぶにはコミュニケーションが確かに重要ですが、だからといってケータイでコミュニケーションを突いても（モニタリングしても）、それでは必ずしも絆が結ばれているかどうかの確証は得られません。確証が得られないとしたら、孤独不安が増幅するだけです。ケータイは、その意味では、若者にとって、心のつながりを主題化しながらも、その主題へのアクセスを保証するツールではないのです。

あとがき

本書がここにようやく世に出ることとなった。正直、何はともあれ嬉しい。本書の出版の経緯をふり返ってみると、感慨も一入である。実は、本書出版の構想は、国立大学法人化の流れのなかで行なわれた兵庫教育大学大学院修士課程の専攻・コースの再編と深く関わっている。この再編のとき、「教育コミュニケーションコース」の前身「教育基礎コース」をどのように改革し進化させるかをめぐって、当該コースの教員の間で何度も議論が交わされた。議論は白熱し、時に意見が激しくぶつかり合うこともあったが、「教育コミュニケーションコース」へと改称し、カリキュラムを一新することで落ち着いた（コース開設は二〇〇五年）。本コースは、教育をコミュニケーションの過程としてとらえ直すことによって、今日の教育の実践的課題に積極的に応えようとするものである。

本コースを開設するにあたって、コース教員たちは、コミュニケーションという観点から既設の専門科目の見直しを行なうとともに、授業開発のための研究会を毎月一回行なった。とりわけ、本コースの全教員で担当する「教育コミュニケーション論」と「教育コミュニケーション実践論」についてかなりの時間を割いた。こうしたコース教員の集まりのなかから、いつとはなしに本書出版の意向が生まれた。そして、出版の構想が具体化されたのは、私の定年退職の一年前であった。懸案であった本書出版を私の退職を記念して行なおうというコース教員たちの温かい計らいだったと思う。ここに改めて兵庫教育大学大学院教育コミュニケーションコースの教員諸氏に深く感謝したい。

本書は「教育コミュニケーション論」の講義内容を基にしたものである。本講義はオムニバス方式のものであるが、毎回担当教員以外の教員も授業に参加することで授業改善に役立てている。教員同士の間で講義内容について質問したり議論したりすることもしばしばある。本書は、その意味では、当コースの教員間のコミュニケーションから生まれたといっても過言ではない。

序章、終章は、社会学・教育社会学の知見から先行研究を紹介するというかたちで、教育コミュニケーションの一般理論を展開している。それに対して、一章から五章は、教育コミュニケーションの各論をなすもので、教育の歴史学、哲学、心理学の知見に基づいて、それぞれユニークな視点から論を展開している。各章ともこれまでの講義の成果が十分とはいわないまでもかなりの程度生かされていると思う。本書の出版が教育コミュニケーション論の発展の端緒になることを切に希望してやまない。「教育コミュニケーション」は、今後、学問的にも実践的にも多くの可能性を秘めた重要な概念になるものと確信している。

本書の出版は、北大路書房・代表取締役社長、関一明氏の厚意にもっぱら負っている。関氏には二十数年前に私（杉尾）編著の本を出した際、その編集においてずいぶんお世話になった。あのときの的確なアドバイスを今でもはっきりと憶えている。あのとき以来、長い間不義理を続けていたにもかかわらず、今回本書出版の快諾を頂いたことは、このうえもなく幸運なことであった。ここに改めて謝意を表したい。

平成二十三年六月　　杉尾　宏

執筆者紹介

杉尾　宏（すぎお　ひろし）　編集　序章、終章担当
一九四四年宮崎県出身。広島大学大学院教育学研究科博士課程単位取得退学。大谷女子大学（現大阪大谷大学）を経て、一九八一年兵庫教育大学着任。二〇一〇年同大学退職。現在、兵庫教育大学名誉教授。専門は教育社会学。
主な業績として、「立身出世主義の精神構造」（井上久雄編『明治維新教育史』吉川弘文館、一九八四年）、杉尾宏編著『教育技術の構造』（北大路書房、一九八六年）、杉尾宏編著『教師の日常世界』（北大路書房、一九八八年）、「教師の教育行為の社会学的分析――「状況の定義」論から教育労働過程論の構築に向けて」（『教育社会学研究』第四十三集、一九八八年）、「近代学校の揺らぎ――新しい教育行為を求めて」（新井郁男編『「効率」学校の超克』東洋館出版社、二〇〇〇年）、などがある。

中間　玲子（なかま　れいこ）　一章担当
一九七二年鹿児島県出身。京都大学大学院教育学研究科博士後期課程修了。兵庫教育大学大学院学校教育研究科准教授。専門は自己論、青年心理学。
主な業績として、『自己形成の心理学』（風間書房、二〇〇七年）、小塩真司・中間玲子著『あなたとわたしはどう違う?』（ナカニシヤ出版、二〇〇七年）、などがある。

大関　達也（おおぜき　たつや）　二章担当
一九七四年北海道出身。広島大学大学院教育学研究科博士課程後期修了。兵庫教育大学大学院学校教育研究科准教授。専門は教育哲学。
主な業績として、「ガダマーの哲学的解釈学における理解と教養の問題」（『ディルタイ研究』第十二号、二〇〇〇年）、「対話としての教養に関する一考察――H・G・ガダマーの啓蒙主義批判と人文主義的伝統の

再検討を中心に」（『教育哲学研究』第八十六号、二〇〇二年）、などがある。

渡邊　隆信（わたなべ　たかのぶ）　三章担当

一九六七年兵庫県出身。広島大学大学院教育学研究科博士課程後期単位取得退学。兵庫教育大学大学院学校教育研究科教授。専門は教育思想史。

主な業績として、「田園教育舎運動の史的再構成――『ドイツ自由学校連盟』の創設と活動に着目して」（『教育学研究』第六十七巻三号、二〇〇〇年）、「エーリッヒ・ヴェーニガーに見る戦後歴史教育の再構築――『歴史教育の新たな道』とその周辺」（對馬達雄編著『ドイツ　過去の克服と人間形成』昭和堂、二〇一一年）、などがある。

宮元　博章（みやもと　ひろあき）　四章担当

一九六三年千葉県出身。京都大学大学院教育学研究科博士後期課程単位取得退学。兵庫教育大学大学院学校教育研究科准教授。専門は教育心理学。

主な業績として、道田泰司・宮元博章著『クリティカル進化論』（北大路書房、一九九九年）、「セルフ・エスティームの低下を防ぐための授業の効果に関する研究――ネガティブな事象に対する自己否定的な認知への反駁の促進」（共著、『教育心理学研究』第五四巻一号、二〇〇六年）などがある。

安部　崇慶（あべ　たかよし）　五章担当

一九五〇年和歌山県出身。広島大学大学院教育学研究科博士課程後期単位取得退学。兵庫教育大学大学院学校教育研究科教授。専門は日本教育史。

主な業績として、『芸道の教育』（ナカニシヤ出版、一九九七年）、「幕末維新期美作の漢学塾――休嫌学舎と知本館」（幕末維新期漢学塾研究会他編『幕末維新期漢学塾の研究』渓水社、二〇〇三年）、などがある。

人名索引

●A
秋田喜代美　153, 156
アルステット（Alsted, J. H.）119
アルチュセール（Althusser, L.）37
アーレント（Arendt, H.）82, 102-104, 106

●B
ベイトソン（Bateson, G.）210, 212-218
ベンサム（Bentham, J.）6, 8, 9
ブルデュー
（Bourdieu, P.）4, 24-27, 44, 218
ボイル（Boyle, R.）121
ブロンフェンブレンナー
（Bronfenbrenner, U.）149
ブルーナー（Bruner, J. S.）168
ブーバー（Buber, M.）84
バトラー（Butler, J.）5, 37-41, 44

●C
コメニウス
（Comenius, J. A.）119, 121, 122, 130

●D
デリダ（Derrida, L.）41, 202, 208, 223-225
デューイ（Dewey, J.）131

●E
エアトマン（Erdmann, O.）134
エリクソン（Erikson, E. H.）55-62

●F
フェノロサ（Fenollosa, E. F.）189
フーコー
（Foucault, M.）4, 6-13, 19, 21-24, 35, 43, 123
藤江康彦　155
藤岡完治　162, 163

●G
ガダマー（Gadamer, H-G.）31, 91-96, 208
ガーフィンケル（Garfinkel, G.）31
ゲヘープ（Geheeb, P.）132
ゴッフマン（Goffman, E.）43
ガットマン（Guttmann, E.）97

●H
ハーバーマス
（Habermas. J.）31, 82, 97, 101, 208
ヘイリー（Haley, J.）55
浜田寿美男　68
ハイデガー（Heidegger, M.）31, 89, 91
平櫛田中　190
フンボルト（Humboldt, W. v.）99
フッサール（Husserl, E.）88, 208, 224

●I
井伊直弼　186, 199
石黒広昭　159, 164

●K
カント（Kant, I.）81, 86, 100
クリプキ（Kripke, S. A.）205, 206, 209, 210

●L
レイン（Laing, R. D.） 70, 71
レイヴ（Lave, J.） 210, 212
レヴィナス（Lévinas, E.） 82, 102, 105
ルーマン
（Luhmann, N.） 5, 29-36, 43, 44, 229
ルター（Luther, M.） 119
リオタール（Lyotard, J-F.） 82, 102, 106

●M
マッシェライン
（Masschelein, J.） 82, 87, 88, 98, 100-105
松尾芭蕉 183-187, 192
松沢哲郎 54
マクルーハン（McLuhan, M.） 219, 220
メーハン（Mehan, H.） 22, 156
モレンハウアー（Mollenhauer, K.） 83, 87
茂呂雄二 156
向井去来 185, 187

●N
ニュートン（Newton, I.） 121
西平 直 57-59
日蓮 182
野村芳兵衛 142

●O
オング（Ong, W. J.） 220

●P
ペスタロッチー（Pestalozzi, J. H.） 131
ポスター（Poster, M.） 221, 222

●R
ラトケ（Ratke, W. v.） 119
レッター（Retter, H.） 132
ロジャーズ（Rogers, C. R.） 52, 63-69, 82
ロッスム（Rossum, G. D-v.） 116-119
ルソー（Rousseau, J-J.） 99, 131, 224

●S
サックス（Sacks, H.） 43
シャラー（Schaller, K.） 84
シラー（Schiller, H.） 123
シュライエルマッハー
（Schleiermacher, F. E. D.） 99
ショーン（Schön, D. A.） 161
下山観山 189, 190
霜山德爾 136
シュタイナー（Steiner, R.） 136

●T
田中毎実 52-54, 56, 59, 72
テイラー（Taylor, C.） 97
天心岡倉覚三 188-192

●W
鷲田清一 70, 71, 136
ウェンガー（Wenger, E.） 210, 212
ウィトゲンシュタイン
（Wittgenstein, L.） 202-210, 226

●Y
山上宗二 179

●Z
世阿弥 179, 194

事項索引

●あ
I—R—E　22, 156, 157
アイデンティティ　55-57, 62, 72, 98, 99, 101, 103
暗黒の中における跳躍　205-210, 226, 227

●い
池袋児童の村小学校　142
異質性　59-63, 66, 69-72
異世代　53, 56-58, 61, 72, 73, 208
依存　59, 60, 69, 70, 72
一期一会　183-186, 192
一望監視装置（パノプティコン）　6, 7, 8
引用・模倣　5, 36-38, 40-44, 226

●え
エイジェンシー　5, 37, 39, 42-44
エクソシステム　150, 169
エクリチュール　41, 96, 202, 223-225
エポック授業　136

●お
オーデンヴァルト校　132
お守りことば　28, 29

●か
カード構造化法　163-166
ガールズ・トーク　178
カウンセリング　63-65, 67
学習Ⅲ　212-214, 217-219
攪乱的な再意味づけ　41
隠れたカリキュラム　158
家族　55, 56
『監獄の誕生——監視と処罰』　6

●き
機械時計　117
期待　136, 137, 218
客観的時間　115, 136
旧教育　131-133
教育システム　5, 29, 30, 33-36
教室談話　155-158
教授学の世紀　119
規律・訓練（discipline）　4-7, 23, 24, 36
規律・訓練の権力　7-10, 14, 15, 24

●く
クライエント中心療法　63

●け
稽古　193
（芸道）稽古論　179, 188, 189, 191-195, 211
言語ゲーム　202-210, 226, 227
権力関係　78, 80
権力の関係　4, 21-23, 37, 42, 43

●こ
行為の中での省察　161
構造的カップリング　30, 229
構造的欠陥　35
構造連結　5, 30-33
声の文化　220
コース組織　134
個別化　4, 8, 12-15, 19, 21

コミュニケーション的行為　82, 87, 101, 208
コミュニケーション論的転回　87, 88

●さ
『再生産』　25, 26, 33
差延　225-227
散種　41, 225, 226

●し
ジェネラティヴィティ　60, 71
自己言及的・自己産出的　5, 29-31, 34-36, 43, 159
自己実現　69
自己執行カテゴリー　43
自然と作為　57, 58, 66, 67
実身体としての自己　221
実践知　161, 167
社会化　5, 30-35, 44
社会的参照　50
自由ヴァルドルフ学校（シュタイナー学校）　136
従順な主体（従順な身体）　5, 7, 35, 36
主観的時間　115, 136
授業リフレクション　162-169, 173
象徴権力　5, 24-29, 36
象徴的啓示の教育　188, 192
象徴（的）暴力　4, 25, 26
情報のコンサマトリー化　221
諸力の関係　4, 21-23, 43, 44
自立　59, 60, 62, 65, 66, 69, 70, 72
新教育　131-133, 142, 218
親密性　55
心理―社会的発達　56, 57

●す
砂時計　116, 119

●せ
生―権力　24
生活世界　31, 88-90, 97
省察的実践家　161, 162, 167, 219
精神構造の二重性　195, 197
生態学的アプローチ　149
正統的周辺参加　210, 212, 213, 218
青年期　62
設問―応答―評価型会話　80, 90
先入見　31, 91

●そ
相互形成　52-54, 56-59, 61, 62, 72, 73, 208
相互主体的（intersubjektiv 間主観的／相互主観的）関係　83, 86-89
相互浸透　5, 30, 31
相補型　214, 216, 217
即時的判断　167
啐啄同時　179, 187, 195, 212

●た
待機　136-139, 143, 218
対称型　214, 216, 217
ダブル・バインド　213-217
単純・平凡な機械　5, 35, 36

●ち
地平　88-92
地平の融合　92, 208
沈黙は金　186, 178, 179

●て
テーブルクロスのいたずら書き　173
『哲学探究』　205
哲学的解釈学　91
伝統的教育のパラダイム　192-195

●と
東京美術学校　188, 189, 192
道具的関係　87
「時」と「機」　181-183, 187, 195, 212

●な
内的照合枠　66, 68

●に
二重の偶有性　32
日本人のメンタリティ　176-179, 195
人間洞察能力　180, 181, 191, 194

●は
俳諧における座　183-187, 192
背後期待　31
ハビツゥス　25
パルマコン　224
パロール　223-225
パロール＝ロゴス中心主義　224

●ひ
非指示的　63-69
非対称的（な）関係　60, 202, 208, 209, 226
疲労研究　128

●ふ
複雑性の縮減　33
服従化＝主体化　8, 10-13, 19, 37-39
プロンプタ　163-168

●ほ
牧人＝司祭権力　4, 10-14, 19, 24
本源的自己中心性　68

●ま
マクロシステム　150

●み
ミクロシステム　149, 150, 162, 169

●め
メゾシステム　149, 150, 169
メディア上の自己　221
メディアはメッセージ　219

●も
物語（ナラティヴ）モード　168
物語の読み換え　169

●や
役割距離　43

●よ
呼びかけ　37, 40, 42

●ら
ライフサイクル　54, 56, 57

●り
理解の先行構造　31
倫理的関係　79, 107

●ろ
ローカル（な）文化　155, 156, 158, 160

●わ
枠　67

教育コミュニケーション論

――「関わり」から教育を問い直す――

2011年７月20日　初版第１刷印刷
2011年７月30日　初版第１刷発行

定価はカバーに表示してあります。

編　著　杉尾 宏
発行所　㈱北大路書房
〒603-8303　京都市北区紫野十二坊町12-8
電話（075）431-0361㈹
FAX（075）431-9393
振替　01050-4-2083

印刷・製本●創栄図書印刷㈱
検印省略　落丁・乱丁本はお取り替え致します。
ISBN978-4-7628-2759-4　Printed in Japan